广西大学哲学社会科学文库

U0615775

中国网络游戏
在东盟的国际传播

薛强 著

广西科学技术出版社
·南宁·

图书在版编目（CIP）数据

中国网络游戏在东盟的国际传播 / 薛强著. — 南宁：
广西科学技术出版社，2024.5
ISBN 978-7-5551-2044-5

Ⅰ. ①中… Ⅱ. ①薛… Ⅲ. ①网络游戏 – 文化传播 –
研究 – 中国 Ⅳ. ①G898.3

中国国家版本馆CIP数据核字（2023）第197281号

ZHONGGUO WANGLUO YOUXI ZAI DONGMENG DE GUOJI CHUANBO

中国网络游戏在东盟的国际传播

薛强　著

责任编辑：朱　燕　　　　　　　　责任校对：吴书丽
装帧设计：梁　良　　　　　　　　责任印制：韦文印

出 版 人：梁　志　　　　　　　　出版发行：广西科学技术出版社
社　　址：广西南宁市东葛路 66 号　邮政编码：530023
网　　址：http://www.gxkjs.com　　编 辑 部：0771-5786242

印　　刷：广西雅图盛印务有限公司
开　　本：889 mm×1230 mm　1/32
字　　数：200 千字　　　　　　　印　　张：7.5
版　　次：2024 年 5 月第 1 版　　　印　　次：2024 年 5 月第 1 次印刷
书　　号：ISBN 978-7-5551-2044-5
定　　价：58.00 元

在当今的互联网时代，网络游戏如电影、动漫一样，已成为一个国家软实力的重要组成部分。作为一种文化产业，网络游戏同时具有经济和文化的双重功能。自"一带一路"倡议提出以来，中国与东盟国家的关系日益密切，东盟已经超过了美国和欧盟，成为中国第一大贸易伙伴。随着《区域全面经济伙伴关系协定》(RCEP)的签署，东盟国家的重要性将更加凸显。东盟国家目前是全世界最重要的网络游戏新兴市场，中国网络游戏进入东南亚，不仅能够获得高额经济效益，而且对增强中国的软实力有着重要作用。

中国网络游戏对促进中国－东盟民心相通和服务我国周边外交战略实施的意义重大。但是，中国网络游戏在东盟国家的传播还存在很多问题，例如国际传播和跨文化传播的理论准备不足，对东盟国家的国情和文化研究得不够深入等。笔者按国别对东盟各国的游戏市场进行研究后发现，中国网络游戏现在已经主导东南亚游戏市场。近年来，随着中国经济的飞速增长，世界网络游戏产业也迎来了百年未有之大变局。中国网络游戏市场已经超过美国，成为全球第一大网络游戏产业市场，在东盟国家影响巨大。在东盟十国中，新加坡、马来西亚、泰国、越南、印度尼西亚、菲律宾这六个国家被称作"东盟六大游戏市场（Big Six）"，本书主要对这六个国家的网络游戏市场进行深入研究。

过去，东南亚国家流行的主要是美国和日本的电子游戏，如今,《王者荣耀》《原神》等中国网络游戏已经占据了东南亚游戏市场的主要份额。中国腾讯、网易等互联网公司纷纷出海东南亚,为推动共建"一带一路"高质量发展和构建更为紧密的中国-东盟命运共同体发挥了不可替代的作用。

本书研究分析了东盟国家网络游戏市场的现状与存在的问题,提出中国网络游戏在东盟国家传播的策略与建议:既要通过网络游戏讲好中国古代故事,也要通过网络游戏讲好中国现代故事;网络游戏中既要有丰富的中国文化,又要融入外国文化,形成"杂交文化";中国和东盟国家应积极举办跨国电竞赛事,促进中国与东盟各国民心相通,为"一带一路"建设提供服务。

最后,值得说明的是,笔者在香港中文大学读研时因受到新闻与传播学院冯应谦教授和梁永炽教授的影响,于2008年开始从事有关游戏的课题研究。2011年,笔者进入中国传媒大学读博,在导师陈卫星教授的指导下继续进行游戏方面的相关课题研究,不久后出版《赛博空间里的虚拟生存:当代中国电子游戏研究》。2017年,笔者主持国家社科基金青年项目——"一带一路"背景下中国网络游戏在东盟的跨文化传播研究,本书为该项目部分研究成果的呈现。由于笔者水平有限,书中错误之处在所难免,敬请各位读者批评、指正!

薛　强

目录

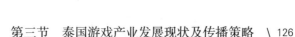

 中国游戏出海东盟的典型案例分析

 中国网络游戏在东盟传播的建议与对策

第一章

网络游戏的时代
意义及相关研究

第一节　网络游戏的时代意义

2021年5月31日，中共中央政治局就加强我国国际传播能力建设进行了第三十次集体学习。习近平总书记在主持学习时，以高瞻远瞩的宏大视野和深谋远虑的系统思维，深刻洞察国际传播发展趋势，揭示了国际传播规律，指出"讲好中国故事，传播好中国声音，展示真实、立体、全面的中国，是加强我国国际传播能力建设的重要任务"，为切实做好新时期国际传播工作提供了具有全局性、理论性、实践性的科学指引。

当今世界正经历百年未有之大变局，中国正处于实现中华民族伟大复兴的进程中，在这个关键时期，我们要特别留意营造良好的国际环境。中华民族的伟大复兴和国际环境是密切相关的，我们观察国际环境，不只是观察政治环境、经济环境、军事环境，还需要特别注意舆论环境。一个人要有好的人缘，一个国家也要有好的"国缘"。

电影、网络游戏等都是"讲故事"的重要方式。中国的电影、电视剧、动画在国际上一直影响甚微，如《战狼》《长津湖》《熊出没》《甄嬛传》等作品只是在中国影响力较大，而在国际上影响较小。但是，中国网络游戏却在世界范围内广泛流行。目前，中国《王者荣耀》《原神》等网络游戏在全球已有数亿玩家，世界青年对中国的喜爱程度日益加深，促进了中国拥有"好国缘"。在中国文化"走出去"的进程中，网络游戏可以起到意想不到的作用，它已经成了讲好中国故事的重要载体之一。

美国文化理论家丹尼尔·贝尔在其著作《资本主义文化矛盾》

中指出:"我坚信,当代文化正逐渐成为视觉文化,而不是印刷文化,这是千真万确的事实。"据西方传说描述,人类希望联合起来兴建一座能通往天堂的巴别塔,为了阻止人类的这个计划,上帝让人类说不同的语言,使人类相互之间不能沟通、交流,计划因此失败,人类从此各散东西。笔者认为,视觉文化在全球化的今天可以抵消全世界不同国家因语言差异所带来的隔阂。如《指环王》《哈利·波特》等小说本来并不流行,但通过改编成电影很快风靡全世界。美国正是凭借其先进的计算机图形学技术,才使得它的电影、动漫、网络游戏在世界范围内产生了巨大的影响。

跨文化传播研究起源于20世纪50年代,美国文化人类学家爱德华·霍尔第一次强调"跨文化传播"的概念。在《无声的语言》中,霍尔提出"非语言传播"在国际传播中的重要性。各国语言不通,在文化传播中造成诸多障碍,而网络游戏作为不太需要借助语言且各国玩家都能玩的媒介,因此更容易进行国际传播。

长期以来,西方一些国家一直掌握着世界舆论的话语权,随着中国互联网公司的崛起,这种传播格局发生了变化。例如,抖音国际版(TikTok)在西方就广为流行,《和平精英(海外版)》和《王者荣耀(海外版)》在国外影响甚大。另外,网络游戏对政治也有着深刻的影响。在中国香港、台湾地区,年龄较大的人可能对中国内地(大陆)仍怀有较深感情,但部分年轻人崇洋媚外,在西方长期"妖魔化"中国的背景下,他们对大陆或许并没有多少感情。古语云"得民心者得天下",现在可说是"得年轻人心者得天下"。中国应该重视通过网络动漫、网络游戏等媒介来增强自身的软实力,因为年轻人普遍喜欢网络动漫、网络游戏。随着网络游戏的崛起,越来越多中国香港、台湾地区的年轻人开始爱上了玩中国内地(大陆)的网络游戏。在中国台湾最大的游戏网站"巴哈姆特论坛"上,话题讨论最多的就是关于《王者荣耀》这款网络游戏。

有一件事让笔者印象深刻。2020年10月1日国庆节，有新闻报道，中国内地组织了一个免费旅游团，欢迎中国香港的青年前来内地旅游，为此花费了很多人力、物力，结果只来了一个人。而在同一时期，《万国觉醒》"国际服"的一个"到台湾公会"帖里，正在组织庆祝中国国庆收集五星红旗的活动。为了获得游戏奖励，中国台湾地区的年轻玩家非常积极参加活动。他们本来是习惯过"双十节"的，但如今都以在"十一"抢到五星红旗为荣。过去，中国香港、台湾地区的年轻人大多崇尚欧美、日韩，随着中国网络游戏产业成为全球第一大网络游戏产业，他们渐渐改变了对内地（大陆）的看法。

2021年，中国 EDG 战队斩获英雄联盟全球总决赛冠军，中国战队 New Happy 夺得2021空间 PGC 年世界赛冠军。对于年轻人来说，这种赛事冠军的含金量不亚于一枚奥运金牌。同样，在2021年，中国游戏《原神》在美国狂赚数亿美金，《原神》里的中国戏曲《神女劈观》在国外因此大受欢迎。《文汇报》刊载的文章《"新文化符号"出海，上海出品的〈原神〉掀起海外京剧热》对《神女劈观》评价称："戏曲与游戏碰撞出强烈火花，带动中国传统文化在海外点燃2022年的'第一把火'。"上海电视台新闻综合频道的《戏曲融入〈原神〉添知音　上海出品新潮"出海"》报道了云堇与《神女劈观》在海外走红的实况。《解放日报》头版刊载了《海外游戏玩家为何"补习"中国京剧》的文章，认为《神女劈观》"不仅让外国玩家'种草'中国戏曲文化，也让更多中国新一代走近传统、爱上传统"。对比过去一些文化对外宣传方式，国家花费了大量金钱却收效甚微，而网络游戏却能在挣钱的同时传播中国文化、讲好中国故事。

据中国音像与数字出版协会发布的《2021中国游戏产业报告》显示，2021年中国数字游戏市场规模达2965亿元。这说明游戏产业的影响力早已超过电影产业等传统媒体产业，成为我国文化产业的重中之重。"中国网络游戏出海"日益成为近年来游戏产业的热门话题。东南亚是最具潜力的游戏产业市场，中国网络游戏进入东盟各国不但能获得良好的经济效益，还能增强中国在东盟地区的影响力。根据腾讯研究院发布的《2019中华数字文化出海年度观察报告》研究发现，中国网络游戏在共建"一带一路"国家始终处于畅销榜的前几名。

"一带一路"倡议是习近平主席在2013年出访中亚和东盟国家期间提出的战略构想，它指的是"丝绸之路经济带"和"21世纪海上丝绸之路"，是中国为推动经济全球化深入发展而提出的国际区域经济合作新模式，其核心目标是促进经济要素有序自由流动、资源高效配置和市场深度融合，推动开展更大范围、更高水平、更深层次的区域合作，共同打造开放、包容、均衡、普惠的区域经济合作架构。纵观"一带一路"的构建蓝图，其贯通了中亚、东南亚、南亚、西亚乃至部分欧洲国家及地区等。其中，"21世纪海上丝绸之路"主要途经新加坡、马来西亚、泰国、越南和印度尼西亚等国家，可见东盟国家在"一带一路"建设中地位之重要。

东盟是"东南亚国家联盟"的简称，成立于1967年8月8日，目前共有10个成员国，分别是泰国、菲律宾、马来西亚、新加坡、印度尼西亚、文莱、老挝、柬埔寨、缅甸和越南。东盟是"一带一路"建设的重点和优先地区，已经超过欧盟和美国，成为中国的第一大贸易伙伴。2020年中国前三大贸易伙伴依次是东盟、欧盟和美国，其中，2020年第一季度中国与东盟贸易额保持增长，达1931.3亿美元，同比增长2.8%；中国与欧盟贸易额1768.9亿美元，同比下降9%；中国与美国贸易额1370.6亿美元，同比下降15.2%。随着《区域全面经济伙伴关系协定》（RCEP）的签署，东盟的重要性将进一步彰显。

习近平总书记多次指出，要加强国际传播能力建设，讲好中国故事、传播好中国声音，向世界展现真实、立体、全面的中国，提高国家文化软实力和文化影响力。他强调：提高国家文化软实力关系"两个一百年"奋斗目标和中华民族伟大复兴中国梦的实现；体现一个国家综合实力最核心的、最高层的，还是文化软实力。在当今互联网时代，网络游戏如电影、动漫一样，已成为彰显一个国家软实力的重要组成部分。随着东盟成为中国第一大贸易伙伴，中国对东盟地区文化软实力的影响也越来越重要。

1990年，美国哈佛大学教授小约瑟夫·奈提出"软实力"这一概念。小约瑟夫·奈认为，冷战后的国际政治变化主要表现在世界权力的变革和权力性质的变化。他写道："就传统而言，作战能力往往是检验大国的标尺，但是现在权力的定义已经不再强调军事力量和征服技术的重要性；教育和经济增长等因素在国际权力中的作用日益显著。随着美苏两个超级大国的全球军事对抗的消失，军事力量的地位逐渐下降，而文化、价值观等因素在国际关系中的作用日益突出。"笔者认为，虽然"软实力"这个概念是小约瑟夫·奈提出的，但中国古代早就有类似"软实力"的思想观念。在古代，中国对外的影响，一方面是靠文化，一方面是靠武功。文化指的是用文明去归化，文化比武功的影响更大，是"不战而屈人之兵"。中国文化的力量一直有着极强的感召力，日本、韩国和东南亚国家向来都仰慕中国文化。中国软实力的提升和复兴，有着很大的空间。

小约瑟夫·奈认为，软实力是指"通过吸引而非强迫或收买的手段来达己所愿的能力"。网络游戏就是典型的吸引手段。文化软实力的提升是国家形象构建的重要组成部分。在互联网时代，网络游戏产业迅速发展，规模持续增长，影响范围不断扩大。中国网络游戏在对外传播的进程中所遇到的壁垒较小，可潜移默化地传播中国价值观、文化符号，是传播中国文化的重要载体，因此成为文化与价值观输出的重要力量。

如今，中国游戏产业飞速发展，中国已成为世界最大网络游戏市场。中国游戏产业在海外取得了巨大的成功，《王者荣耀》《原神》等国产网络游戏不但在海外赚取了高额利润，而且对增强中国软实力发挥了不可小觑的作用。东盟国家是中国网络游戏出海的重要目标，如何通过网络游戏更好地传播中国文化，值得我们深入研究。

第二节　游戏的定义

一、关于游戏

网络游戏作为电子游戏的一种类别，具有电子游戏的相关特点，而在回答"电子游戏"是什么之前，需要先搞清楚"游戏"究竟是什么。我们通过整理历史上各个时期的思想家对"游戏"的定义来研究这个问题。

1. 西方早期的游戏观

西方从古希腊哲学家柏拉图开始就有了对"游戏"一词的思考。柏拉图认为，游戏是一切动物和人类的幼子生活和能力跳跃需要而产生的有意识的模拟活动。亚里士多德则认为，游戏是人们劳作后的休息和消遣，其本身并不带有任何目的性的一种行为活动。

德国古典哲学创始人康德这样理解"游戏"一词:"对于自由的艺术,我们把它看作好像只能作为游戏,即一种本能就使人快适的事情而得出合乎目的的结果。而对于不自由的艺术,我们则把它看作是劳动,即一种本身并不快适而只通过其报酬吸引人的事情,因而强制性地加之于人。"康德的理解非常类似于亚里士多德的定义,他把"劳动"与"游戏"两个概念对立了起来,认为游戏是无目的的、无功利性的。

德国著名诗人、作家、哲学家席勒将人类活动分为自然游戏和审美游戏,其中,自然游戏是动物因物质资料的缺乏而谋求维持生存所进行的活动;审美游戏则是因生命力过剩而引起的生物对生命力的自我表现与自我欣赏活动,即"剩余精力发泄说"。席勒在一系列的论述后提出了这样的观点:人生最高、最完美的境界是游戏,只有当一个人在充分意义上是人的时候,他才游戏;只有当一个人在游戏的时候,他才可说是完整的人。

与席勒一样,英国哲学家斯宾塞也提出了关于游戏的"剩余精力说"。他认为:"当我们上升为高等动物后,我们发现,时间和精力并没有完全被用于满足直接需求。由于每一个具有智力的生物都服从这一条规律,即当它的器官停止活动的间歇比通常时间长时,就变得格外易于活动。于是,当环境准许模仿时,对器官活动的模仿也就轻而易举地代替了真正的活动,从而就产生了各种各样的游戏。"斯宾塞关于高等动物的"剩余精力说"可以被用来解释一种现象:国家越发达,民众的休闲时间便越多。事实上,美国的游戏玩家数量确实相对较多。

如果说只有了解一个词的反义词才能真正懂得这个词的真正含义,那么亚里士多德、康德的"劳动与游戏二元对立"和席勒的"自然游戏和审美游戏"等观点都为我们揭示了游戏是一种与劳动无关且无功利性的活动。这种观点可能启发了后来的一些游戏研究者，如斯坦福大学教授、未来学家简·伊的《劳动的乐趣：电子游戏如何消除工作与玩的界限》、麦戈尼格尔的《游戏改变世界》等都探讨了如何把游戏精神带到劳动中，从而提高劳动效率的问题。

2. 约翰·赫伊津哈等人的游戏观

荷兰史学家约翰·赫伊津哈是从人类学、文化学等角度理解游戏的，他甚至把游戏上升到了人的本质的高度。赫伊津哈在著作《游戏的人：文化的游戏要素研究》一书提出两个重要结论：一是"人是游戏者"，二是"文明是在游戏中并作为游戏的兴趣而展开的"。赫伊津哈肯定了游戏本身的价值，并总结了游戏的四大特征：游戏是自愿的，是事实上的自由；游戏是无功利性的；游戏是封闭和限定的，是在某一时空限制内的"演出"；游戏规则具有秩序性，游戏创造秩序且游戏本身就是秩序。

赫伊津哈在《游戏的人：文化的游戏要素研究》中详细论述了游戏与仪式、竞赛、法律、战争、诗歌、知识、神话等文化形式的关系，最后将游戏在文明中的地位提高到了一个前所未有的高度，对此，他得出一个惊人的言论——"文明在游戏中诞生，文明就是游戏"。

法国哲学家罗杰·凯洛依斯发展了赫伊津哈的理论。在《人类，玩耍，游戏》一书中，他提出游戏的四个共同特质：自愿参与（be performed voluntarily）、不确定性（uncertain）、非生产性（unproductive）、角色扮演（consists of make-believe）。

赫伊津哈和凯洛依斯关于游戏的思想与现代网络游戏概念可能有些冲突，而笔者也认为，现代网络游戏已远远不是他们所理解的游戏概念了。例如，赫伊津哈关于游戏四大特征中的两条——"游戏是无功利性的"和"游戏是封闭和限定的"就存在一定的争议性，因为目前有很多玩家正在靠网络游戏挣钱。根据《环球时报》报道，中国现在有几十万"金币农夫"在《魔兽世界》中赚钱。网络游戏也不是"封闭的"，而是与现实紧密相连的。因此，赫伊津哈所说的"隔绝现实"与游戏的"魔法圈理论"已经被打破。法国哲学家凯洛依斯也认为，游戏是"非生产性"的，玩家在游戏中不会有金钱上的收益，当然，这一观点目前也被"金币农夫"所打破。

3. 当代游戏理论家的定义

詹斯伯·居尔在《游戏、玩家、世界：对游戏本质的探讨》中探讨了"电子游戏"一词的定义。他在总结前人对"游戏"七种定义的基础上，提出了自己对"游戏"的定义："游戏是基于规则之上的正式系统；游戏具有多样且可计量的结果；不同的潜在游戏结果被分配了不同的价值，有些是积极的，有些是消极的；玩家需要投入精力以影响结果；如果有积极的结果就会让人获得成功和快乐，如果有消极的结果就会让人感到失败并且不快乐；玩同样的游戏（一套规则）既可以有真实生活的结果，也可以没有。这是目前学界对"游戏"一词比较权威的定义。但笔者认为，居尔提出的这个定义也有待商榷，因为他过分强调了游戏的结果，而对游戏的娱乐性、互动性和冲突性等属性强调不够。西方游戏研究者对"游戏"所下的定义大多受了赫伊津哈的影响，即主要强调游戏的自愿性、规则性、封闭性、互动性等。

凭借《游戏改变世界》一书走红的简·麦戈尼格尔则认为游戏有四大决定性特征。一是目标——玩家努力达成的具体目标，玩家必须要有"目的性"；二是规则——为玩家如何实现目标做出限制，类似于赫伊津哈等人提出的定义，即游戏必须要有规则性；三是反馈系统——向玩家反馈距实现目标还有多远，可通过点数、级别、得分、进度条等形式来反映，实时告诉玩家目标绝对是可以实现的，这样一来就给予玩家继续玩下去的动力；四是自愿参与——劳动一般是被动的，而游戏总是自愿的。麦戈尼格尔对"游戏"下的定义与前人最大的不同是强调了目标性，并且建议玩家把这种目标性带到现实生活中来，通过将现实生活游戏化来完成目标。

《蚱蜢：游戏、生命与乌托邦》一书的作者伯尔纳德·舒兹认为："所谓游戏，即自愿接受挑战去面对非必要的障碍。"该书的主角是《伊索寓言》里的那只"蚱蜢"———位游手好闲但思维缜密的哲学家。通过这位哲学家那诙谐风趣的语言，舒兹不仅证明了为"游戏"一词提出一个有意义的定义是切实可行的，更进一步主张游戏是理想人类存在状态的重要部分。他认为，游戏正是任何乌托邦愿景的核心——想象乌托邦：人们在那里衣食无忧、心灵富足；活在那里的人们已心想事成、无事可做，剩下唯一可做的事就是玩游戏，玩游戏变成了人类理想的全部；游戏是未来的线索；趁现在认真培育游戏观念，或许是我们唯一的救赎。

4. 传播学者的游戏观

笔者是传媒领域研究方面的博士生，习惯从本专业领域来看待网络游戏这种新兴媒体，认为马歇尔·麦克卢汉和格雷格里·贝特森对游戏的理解颇有洞见。麦克卢汉对游戏格外重视，在《理解媒介：论人的延伸》一书中，他用了一整个章节去论述"游戏"一词的定义。麦克卢汉认为，游戏是一种解脱，一个社会如果没有游戏的话，人们将会进入一种无意识的行尸走肉般的悲惨生存状态；游戏是一种类似于乌托邦的天堂，人们借助这种幻境去补足日常生活的意义；对于人们的头脑而言，游戏是唯一可以理解的艺术形式。另外，麦克卢汉也强调了游戏的媒介属性。他指出，正如我们的口语一样，一切游戏都是人际的媒介，除非它们成为我们内心生活的延伸，否则是既不能生存也没有意义的。游戏是延伸，但不是我们个体的延伸，而是我们社会肢体的延伸。游戏是传播媒介，并且是一种大众传播媒介。麦克卢汉还强调了游戏的规则性。如同约翰·赫伊津哈提出的"魔法圈理论"，他认为：游戏是一架机器，只有参加游戏的人一致同意愿意当一阵子傀儡，这架机器才能运转。最后，麦克卢汉强调了游戏的交互性。他说，所谓游戏，都包含着相互作用的意义：必须要有来有往，或者叫对话，正如两个以上的人之间和群体之间的关系一样。

与此同时，麦克卢汉还论述了游戏与自信的关系，这与后来一些学者对游戏动机的研究不谋而合。如简·伊、史玉柱和法国社会学家罗兰·巴特等人都认为，玩游戏的一个重要动机是获得成就感、荣耀与自信。麦克卢汉说："任何游戏，正像任何信息媒介一样，是个人或群体的延伸。游戏是人为设计和控制的情景，是群体知觉的延伸，它容许人从惯常的模式中得到休整。就整个社会而言，游戏是一种自言自语的行为。而自言自语又是一种公认的游戏形式，这种形式对自信心的增长是必不可少的。英国人和美国人从娱乐和游戏的欢快精神里享受到了极大的自信。其实，自基督教诞生以来，有些地区就形成了一种习惯———种精神上取乐的习惯。圣徒保罗还将这种精神自信和基督教娱乐与那个时代的游戏和运动联系起来。"

贝特森认为游戏是一种"元传播"。贝特森对哺乳动物在理解游戏和真正的打斗之间的区别机制十分感兴趣。他发现大多数哺乳动物都具有"元传播"的能力，因为它们似乎知道背景的意义并且能够做出相应的反应。当年，笔者经常与自己三四个月大的女儿玩一个"躲猫猫"的游戏，玩法是用布蒙上她的眼睛，然后突然将布揭开，每一次她都会笑得很厉害。这种亲子互动基本上就是一种"元传播"——没有明确的言语传播，但孩子明显知道这是一种游戏。贝特森认为，在传播的进化过程中，先有"元传播"，然后才有人类的言语传播。我国考古学家曾在山西挖掘出约10万年前的1500多个石球，累计重量有几吨，在经过各种考究后，考古学家们认为这些石球并非狩猎工具，而是一种游戏工具。极有可能正如贝特森所说，约10万年前，在语言还没有出现时游戏就已经诞生了，游戏作为"元传播"，是人类最早的传播形式。

二、电子游戏的定义

当今，对电子游戏的称谓非常混乱，如果根据游戏不同的形式或载体进行分类，主要有电子游戏（Electronic Game）、数字游戏（Digital Game）、视频游戏（Video Game）、电脑游戏（Computer Game）、主机游戏（Console Game）、网络游戏（Online Game）等。有时电子游戏、视频游戏和主机游戏又都同被翻译成"电子游戏"来指代 Xbox（微软第一代游戏机）等主机游戏，因此很容易产生误解。美国学者的游戏研究一般用 Video Game 这个词来指广义的电子游戏，即包括所有的主机和电脑游戏。在我国，很多人习惯用"网络游戏"来泛指电子游戏，比如在中国知网（CNKI）搜索有关游戏研究的文献时，输入"网络游戏"一词所能找到的资料最多。但这样一来，经常也会引起一些大大小小的混淆。

关于"电子游戏究竟是什么"这个问题，国外学界有叙事学派与游戏学派之争。由于角色扮演类游戏的流行，20世纪90年代的游戏研究学者们主张用传统分析戏剧和电影的叙事学方法来分析电子游戏。布伦达·劳雷尔在《作为戏剧的计算机》一书中应用了叙事学理论来分析电脑游戏。她认为，电脑不是一种计算工具，而是一种类似戏剧的媒介。珍妮特·玛瑞在其著作《全息面板上的哈姆雷特：赛博空间上的未来叙事》中，从叙事学的角度推论电子游戏是小说、戏剧和电影出现之后的新的表现形式。以研究新媒体与媒介融合著称的南加州大学教授亨利·詹金斯也认为，电子游戏是一种多媒体的讲故事的方式，其内容产品可在不同的媒介间转换，游戏只是和电影、小说、动漫相类似的一种形式。总而言之，叙事学派的学者认为电子游戏是一种交互式叙事方式。

　　而以哥本哈根信息技术大学电子游戏研究中心的爱斯潘·阿尔萨斯和詹斯伯·居尔为代表的游戏学派研究者，他们则建议回归赫伊津哈等人提出的有关理论，用游戏学的视角来研究游戏，于是便开始了有关游戏学与叙事学之间的长期论战。但是，后来叙事学派和游戏学派的观点开始变得有些折中。如游戏派代表之一居尔在《游戏讲故事：论游戏与叙事》中指出：虽然游戏不是由电影、小说和戏剧所形成的叙事媒体生态学中的一部分，但是玩家确实在讲述游戏进程中的故事；许多计算机游戏包含叙事要素，在许多情况下玩家必须通过玩才能看到某个场景或实现某种叙事序列；游戏与叙事共享某些特性。弗拉斯卡在《游戏学家也爱讲故事》中也承认了叙事对游戏所产生的重要性。而叙事学派的代表人物亨利·詹金斯在《作为叙事建筑学的游戏设计》中也提到，并非所有游戏都讲述故事，许多游戏确实有叙事渴望，叙事分析不能照搬老一套，玩游戏的体验永远不能被简单地归结为对一个故事的体验，游戏设计师不只是讲故事，而是设计世界、塑造空间，因此，游戏设计好比叙事建筑学。

　　那么，对"电子游戏"一词到底该如何定义？这个概念其实很难界定。在《理解电子游戏》一书中，作者花了整整一个章节在讨论什么是电子游戏，但也只是引用了赫伊津哈、麦克卢汉等人的观点，没能给出自己明确的定义。浙江大学关萍萍教授在其博士论文《互动媒介论：电子游戏多重互动与叙事模式》中用了大篇幅探讨"电子游戏"的定义，但也只是大量引用了别人的定义而没有给出自己确切的定义。从论文题目来看，她认为游戏应该是一种多重互动的叙事媒介。恽如伟在《数字游戏概论》中对"数字游戏"所下定义是：数字游戏，即以数字技术为手段设计开发的、以娱乐为主要目的的电子化的软件，并以数字化设备为平台实施的各种游戏。而他所下的这个定义只是在对传统游戏定义的基础上加入了数字化、电子化的条件而已。

我们希望能在"游戏"一词定义的基础上推出"电子游戏"一词的定义，但是，当今的电子游戏和过去的游戏又有所不同。我们看到，赫伊津哈和凯洛伊斯等早期的游戏理论家对"游戏"一词的定义也丝毫没有提到"叙事"。如果只考虑如博弈、蹴鞠、斗鸡、麻将等这些古代传统的游戏方式，它们就和叙事没有任何关系。但是到了电子游戏时代，因为电脑的可存储性以及20世纪70年代《龙与地下城》桌面游戏主流风向，促使了电脑中角色扮演类游戏的诞生，使得叙事性成了电子游戏的一个重要特征。这一区别是值得引起注意的。互联网的发展使得来自不同国家、不同地域上成千上万的人可以同时在一个虚拟空间里玩游戏，这是以往传统的游戏难以做到的。可见，电子游戏彻底打破了传统游戏的封闭性和非功利性。因此，笔者认为，还是应该从分类的视角来理解电子游戏。电子游戏拥有传统游戏的规则性、自愿性等特性。从玩家的体验来看，单机游戏偏重叙事性，网络游戏偏重社交性。

第三节 游戏的发展历史

一、古代传统游戏

当今流行的电子游戏其实和古代传统游戏有着紧密的联系。例如，《王者荣耀》五人对五人的厮杀就像极了古罗马斗兽场里角斗士之间的决斗。《星际争霸》《红色警戒》等游戏里的对战也很像象棋比赛里的对战。因此，我们在开始研究电子游戏的历史之前，从古代的传统游戏入手较为合适。

古代的传统游戏多属于贵族阶层的消遣。当时，由于生产力较低，很多平民百姓连饭都吃不饱，不可能有心思进行过多的游戏活动。正如著名经济学家成思危先生所说，在10000年到6000年前，那个时候人类每天的休闲时间大概是一天的10%；进入农业社会，人们的闲暇时间大概是一天的17%；进入工业化社会，西方人每天的闲暇时间大概是一天的39%；20世纪80年代，进入后工业化社会，甚至进入知识社会，人们的闲暇时间越来越多，一些发达国家居民每天的闲暇时间甚至占到了将近一天的50%。今天，为何电子游戏在全世界如此普及，这与生产力的发展和电脑科技的进步是紧密相关的。

中国的游戏历史非常悠久。在仰韶文化（距今五六千年）遗址中就曾出土陶制小陀螺。而早在商周时期，中国就有了一种叫"六博"的游戏。六博流行于宫廷，深受帝王与贵族们的喜爱。该游戏中双方所用的棋子各为六枚——六黑六红，又有骰子六枚，故称"六博"。据《史记·殷本纪》记载："帝武乙无道，为偶人，谓之天神，与之博，令人为行。天神不胜，乃僇辱之。"其意是，商朝皇帝武乙自大狂傲，做了个天神的偶人与自己博弈，取胜后还侮辱天神。《穆天子传》中记载周朝传奇帝王周穆王博弈的故事："天子北入于邴，与井公博，三日而决。"可见，商周时期"六博"已经在上层社会相当流行了。

到了先秦时期，则有了更多关于游戏的记载。司马迁在《史记·苏秦列传》中写道："临淄甚富而实，其民无不吹竽鼓瑟，弹琴击筑，斗鸡走狗，六博踏鞠者。"《战国策·齐策》中也记载："临淄甚富而实，其民无不吹竽鼓瑟、击筑弹琴、斗鸡走犬、六博踏鞠者。""斗鸡"、"走狗"、"六博"（象棋的前身）、"踏鞠"（最早的足球）等都是当时社会所流行的游戏。《吕氏春秋》曰："古人得道者，生以寿长，声色滋时，能久乐之。"这些思想均为游戏活动的流行奠定了基础。《左传》《庄子》等经典著作中也有关于斗鸡的记载，《庄子》中还有"呆若木鸡"的成语。在《论语·阳货篇》，孔子也认为从事游戏比无所事事要好，"饱食终日，无所用心，难矣哉！不有博弈者乎？为之，犹贤乎已"。可见，"博弈"一词在当时指的便是六博和围棋。

汉魏时期，游戏已经非常兴盛，但因为生产力低下的原因，参与游戏者主要是上层阶级。东汉王符在《潜夫论》中指出，当时的富人大多"以游敖博弈为事"。《汉书·食货志》也谈到，当时的世家大族和富家的子弟"或斗鸡走狗马，弋猎博戏"。汉代《盐铁论·授时》亦言，当时"博戏驰逐之徒，皆富人子弟"。可知，汉代时六博、蹴鞠、斗鸡等仍然是主要的游戏方式。据说汉武帝刘彻和霍去病都是蹴鞠高手。在《汉书·卫青霍去病列传》中就提到，霍去病即使出征在塞外，在远离主力的敌人后方面临粮草断绝的危险时，他仍然率领兵士们在草地上筑起球门来进行蹴鞠比赛。另外，曹植在《斗鸡诗》也写道："长筵坐戏客。斗鸡观闲房。群雄正翕赫，双翅自飞扬。挥羽激清风。悍目发朱光。觜落轻毛散。严距往往伤。"可见，曹植也是一个大玩家，据说他还是六面骰子的发明者。

南北朝时期，北周武帝宇文邕在六博的基础上发明了象棋。象棋最早称"象戏"。"象戏"一词出自北周，意思是象征的游戏。宇文邕所著《象经》标志着象棋的初步形成。宇文邕依据当时的象棋编制了《象经》，因有日月星辰之象，"象戏"之称由此而来，又称"北周象戏"。"象戏"在唐代演变为"宝应象棋"，后来才逐渐演变成今天的中国象棋。

唐朝的游戏发展非常繁荣。李白就是一个六博爱好者，他的很多诗词均记载了这种游戏。如"有时六博快壮心，绕床三匝呼一掷""连呼五白行六博，分曹赌酒酣驰晖""六博争雄好彩来，金盘一掷万人开"等。六博最初是一种带有比赛性质的娱乐活动，后来逐渐发展成一种赌博手段。随着赌博化趋势愈演愈烈，六博原先六筹得胜的方法已远远满足不了博徒的心理需要，人们的注意力及胜负判断已主要集中在"掷箸"，并开始用这种游戏来赌钱，"博"与"赌"方结合为一体，"赌博"就是这样出现的。宋朝以后，随着象棋等游戏的兴盛，六博这种游戏逐渐消失了。

宋明时期，很多皇帝都"游戏成瘾"。宋徽宗喜爱玩奇石和蹴鞠，大兴花石纲，并且重用擅长蹴鞠的高俅。而明代宣宗则是一个酷爱斗蟋蟀的"蟋蟀皇帝"。虽然这些皇帝最后都没落得什么好下场，但笔者认为，游戏本身并没有过错。历史上很多明君也喜欢玩游戏，因为适度的益智游戏可以培养大局观，如邓小平同志就酷爱打桥牌。

在清道光、咸丰年间，诞生了"麻将"这种游戏。关于麻将的起源众说纷纭：第一种说法是起源于先秦时代的六博，第二种说法是源自马吊牌，第三种说法是源自太平天国军，第四种说法是起源于郑和船上的一种游戏，第五种说法是起源于江苏太仓的"护粮牌"。麻将的玩法虽比六博要复杂得多，但掷骰子的玩法却与六博很类似，以致很多人都认为它可能是除象棋之外六博的另外一种演化游戏。

回顾中国古代传统游戏历史，可以发现，古人玩的游戏大多是多人一起参与的竞技类游戏，这类游戏重视互动性和冲突性，类似于今天网络游戏中的"PVP（游戏中玩家对战玩家的模式）"。在古代游戏中，叙事性并不是特别明显。

二、电子游戏简史

作为一种新型游戏方式，电子游戏诞生于20世纪70年代，距今不过50多年。电子游戏从无到有，发展速度极快。以下对电子游戏的历史简单地分成几个阶段来进行阐述。

1. 20世纪70年代：电子游戏在美国诞生

20世纪70年代，电子游戏才算真正诞生。1971年，诺兰·布什内尔与泰德·巴内研发了《宇宙战争》的投币式街机版本，并称其为"电脑空间"。这是第一款被大量制造并供商业销售的电子游戏。1972年，布什内尔与巴内创立了雅达利公司（Atari），同年雅达利公司推出了一款街机游戏《乓》，并卖出了1.9万台，成为早期最成功的商业化电子游戏。雅达利公司是乔布斯年轻时加入的第一个公司，这对苹果公司后来重视手机的游戏功能不无影响。雅达利公司还是目前美国最大的游戏开发商动视暴雪的前身。

1972年9月，拉尔夫·贝尔研发的奥德赛游戏机正式上市，反在当年的圣诞节就卖出了 13 万台，成绩惊人。诺兰·布什内尔和拉尔夫·贝尔因此被称作"电子游戏之父"。1977 年，雅达利公司发行了 Atari 2600，为后来的游戏机研发设定了标杆。Atari 2600 迅速成为早期游戏机中最受欢迎的一款，也可以视作 PlayStation、Xbox 等游戏机的前身。

开发电子游戏的是美国计算机专业的高才生，当时家用电脑还没有出现，他们通常背地里在巨型电脑的 Plato 系统上进行编程。1971 年，丹·戴格劳在波莫纳大学 DEC PDP-10 大型电脑的基础上开发了第一款电脑棒球游戏《天生好手》，麦克·梅菲尔于同年发布了游戏《星际旅行：原初系列》等。

1974 年，美国保险公司推销员加里·吉盖克斯在威斯康星州发明了桌面角色扮演游戏（TRPG）《龙与地下城》。这种本来是在桌子上玩的游戏被迅速推广到在电脑上来玩，对游戏研发产生了重大的影响，甚至改变了整个游戏产业。《龙与地下城》后来成为《仙剑奇侠传》《暗黑破坏神》《魔兽世界》和《地下城与勇士》等很多著名游戏的前身。可以说，没有这款游戏就没有角色扮演游戏（RPG）。后来，在网络游戏的前身——MUD（文字网络游戏的统称）和 MMORPG（大型多人在线角色扮演游戏）中都可以看到《龙与地下城》所带来的影响。吉盖克斯在人类游戏史上占据着重要一席。

1975 年，威尔·克罗什编写了一个被我们今天称为"文字冒险游戏"的程序——《洞窟历险》，玩家可通过简单句子形成的文字命令操控游戏。这款游戏被视作《古墓丽影》《波斯王子》等当今冒险类游戏的鼻祖。

2. 20 世纪 80 年代：PC 游戏兴起

1983 年，美国电子游戏业萧条，北美一些电子游戏公司纷纷破产。1985年，日本任天堂公司（日本一家全球知名的娱乐厂商，现代电子游戏产业的开创者）的红白FC游戏机（第一代家用游戏机）趁机进入美国市场。该游戏机销售的《超级马里奥》游戏立即大卖，红白FC游戏机迅速垄断了北美市场。对此，美国人惊呼"马里奥对美国进行了文化入侵"。

日本游戏在20世纪80年代大放异彩。日本的游戏产业和动漫产业结合紧密，俗称"ACG"（Animation，Comic and Game）。1986年，《勇者斗恶龙》系列之《勇者斗恶龙1》发行，缔造了日本文化史上的一个奇迹。《勇者斗恶龙》的人物角色等由"日本漫画之神"鸟山明负责绘制。这款游戏后来迅速占领了日本市场，被称作"国民RPG"。

1987年，日本史克威尔公司的坂口博信决定制作该公司濒临破产前的最后一款游戏，并将之命名为"最终幻想"。《最终幻想》的卖座拯救了史克威尔公司。该游戏后来成为日本最具代表性的游戏之一，目前已经制作到第十四代。坂口博信和《最终幻想》的剧本制作人北濑佳范都是电影《星球大战》的狂热粉丝，《最终幻想》中的剧情和《星球大战》有着很多相似之处。当时，史克威尔公司的口号就是"一起来制作电影般的游戏"。

1983年，美国电子游戏业萧条，电脑游戏市场开始兴起。20世纪80年代，乔布斯创办的苹果公司使得个人电脑的研发成为可能。苹果公司在1984年发布了新型个人计算机麦金塔（Macintosh），俗称"苹果机""Mac机"，当时在美国销量极佳。麦金塔首次将图形用户界面广泛应用到个人计算机，从而使得其游戏功能变得极其强大。此后，电脑游戏与家用机视频游戏成了最主要的两大游戏平台。

1989年，Broderhund Software公司开发了一款动作冒险游戏

《波斯王子》。该游戏最先推出的是苹果机版，获得好评后又继续推出 PC 版等各种版本，成为 PC 动作冒险游戏的开山鼻祖。《古墓丽影》等动作冒险类游戏都受到《波斯王子》的影响。其后，《刺客信条》系列几乎是《波斯王子》的续作，取得了巨大的成功，直到 2022 年还依然相当流行。

3. 20世纪90年代：PC 游戏迅速发展期

20 世纪 90 年代，随着个人电脑的普及，尤其是 Windows 95 和 Windows 98 的发布，电脑游戏软件行业得以飞速发展。1989 年，蒂姆·伯纳斯·李发明了万维网，人类社会从此进入互联网时代。随后，电脑开始普及，网吧随之出现在中国大街小巷，电脑游戏迅速进入中国年轻人的生活中。那时的中国网吧里，人们普遍都在玩《红色警戒》《星际争霸》《仙剑奇侠传》等游戏，这些游戏对一代中国年轻人产生了深远的影响。

1991 年 2 月 8 日，迈克·莫怀米、艾伦·阿德汗和弗兰克·皮尔斯三名美国洛杉矶加州大学毕业生共同创建了硅与神经键公司（Silicon & Synapse）。1994 年，该公司更名为"暴雪"（Blizzard）。同年，暴雪公司隆重推出了惊世之作《魔兽争霸》，并取得巨大的成功。暴雪公司随后推出的《星际争霸》（1998）、《暗黑破坏神2》（2000）、《魔兽争霸3》（2002）、《魔兽世界》（2005），以及从"魔兽"系列演变而来的 Dota 和《英雄联盟》（2011）长期占据着"中国网吧最受欢迎游戏"榜首。由于暴雪公司不是给家用主机研发游戏的，而是专门制作电脑游戏的，因此其对中国游戏玩家产生了极大的影响。

1992 年 5 月，Id Software 公司开发了一款游戏《德军总部3D》。这是第一款第一人称射击游戏（FPS），它搭起了第一人称射击游戏的骨架，把第一人称射击游戏推广到众人知晓的地步。1993年10月8日，Id Software公司在DOS系统下推出一款具有里程碑意义的第一人称射击游戏——《毁灭战士》。该游戏被游戏产业界内部人士评选为电子游戏历史上"不朽的游戏第一名"。如今风靡中国的《反恐精英》《穿越火线》等3D射击游戏都脱胎于这款游戏。

1992年，即时战略游戏（RTS）《沙丘2》发行。这款游戏虽然不是严格意义上的第一款战略游戏，但是它为《红色警戒》《魔兽争霸》《命令与征服》《星际争霸》这些后来著名的即时战略游戏树立了标杆。

20世纪90年代，中国台湾涌现出了"大宇""智冠"等优秀的游戏公司，这些公司陆续推出《仙剑奇侠传》《轩辕剑》《金庸群侠传》等著名游戏。但是，由于这些公司后来在网络游戏上经营失败，且很难与美国和日本的单机游戏相抗衡，因此在短暂的辉煌之后就没落了。《仙剑奇侠传》《轩辕剑》后来被改编成了电视剧，且这些电视剧由知名明星主演，因此无论是在游戏玩家中还是在追星影迷中都有着很高的知名度。

1995年5月，中国大陆最早的游戏工作室——金山软件公司西山居成立于珠海。1996年1月，西山居发布的《中关村启示录》是中国大陆第一款商业游戏。20世纪90年代，中国大陆游戏产业的发展不如中国台湾，直到2000年后才靠网络游戏大规模反超中国台湾游戏市场。

20世纪90年代，网络游戏诞生。虽然早在1979年就有了网络游戏的前身——MUD游戏，但直到1996年欧利生（Origin）公司以一款著名游戏《创世纪》的系列产品为背景所创造出来的世界上第一款图形大型多人在线角色扮演游戏（MMORPG）《网络创世纪》才是第一款真正意义上的网络游戏。

20世纪90年代，主机游戏有了较大发展。日本索尼公司于1994年12月3日推出了家用游戏主机 PlayStation（PS）。美国和日本的玩家主要通过 Xbox 和 PlayStation 来玩游戏，因为这些专业的游戏机具有更出色的3D视觉效果。PlayStation 的发展后来超过了日本任天堂公司推出的家用主机，日本索尼公司由此一举成为电子游戏业的行业领导。2001年，美国微软推出了 Xbox 来对抗 PlayStation。目前，PlayStation、Xbox 及日本任天堂公司的 Wii 是世界家用游戏三大主机。

4. 2000年至2010年：网络游戏崛起

自2000年以来，世界游戏业最大的变化是中国和韩国的网络游戏产业异军突起。美国和日本的老牌游戏产业仍然以单机游戏为主，它们追求的是游戏视觉特效和科技的进步，从而走进了"次世代"游戏时代。而中国和韩国顺应互联网发展的趋势另辟蹊径，在网络游戏方面取得了不错的成就。

根据《中国游戏行业研究报告》所给出的定义，玩家所进行的多人游戏必须在连接了互联网的前提下，才可被称为"网络游戏"。网络游戏注重人与人之间的互动交流，以达到娱乐、休闲和互动的游戏体验。网络游戏属于一个大的游戏范畴，既包括使用电脑接入互联网之后所进行的游戏，又包括使用手机或平板电脑等接入移动网络的可移动设备所进行的在线游戏。

2001年11月，由上海盛大网络发展有限公司（以下简称"盛大"）代理的韩国网络游戏《传奇》正式上线。凭借这款游戏，盛大董事会主席陈天桥在短短几年时间内跻身中国首富。《传奇》的界面与当年暴雪公司研发的游戏《暗黑破坏神》的界面很像。这种网络游戏即是 MMORPG 游戏，也是传统单人 RPG 游戏的网络版。

2001年11月，网易推出《大话西游》，拉开了门户网站进军网络游戏产业的序幕，这一举措让网络游戏成为门户网站新的利润增长点。2002年11月，新浪正式签约韩国《天堂》，这是继网易之后又一个进军网络游戏领域的中国门户网站。此后，搜狐凭借《天龙八部》也在网络游戏市场中占据了一席之地。2008年，腾讯依靠代理韩国游戏《地下城与勇士》和《穿越火线》迅速崛起，随后其代理的《英雄联盟》更是奠定了自身在中国网络游戏界第一的地位。

2006年，史玉柱的巨人网络公司推出免费游戏《征途》。过去，网络游戏一般是靠销售点卡的形式盈利，按照玩家在线游戏时长扣除相应的点数，而《征途》则开启了免费网络游戏的先河——无需扣除点数，但如果想在游戏中获得更好的装备和游戏体验，就要花钱购买了。从此，免费网络游戏成为中国游戏市场的主流。

网络游戏收益成为大多数门户网站最主要的收入来源。中国曾经的"四大门户网站"，除了新浪后来失败，现在腾讯、网易和搜狐的主要收入都来自网络游戏收益。

在中国和韩国大规模发展网络游戏之时，美国和日本主要在开发所谓的"次世代"游戏。次世代游戏追求的是游戏视觉高仿真的3D效果，主要在 Xbox One 和 PS4 上运行，如《侠盗猎车手》《使命召唤》和《战神》等单机游戏。游戏产业从此进入单机游戏和网络游戏并驾齐驱的时代。

5. 2010年以后：移动游戏崛起

2001年至2007年是手机移动游戏的萌芽阶段。最早的手机移动游戏是黑白屏手机上的《俄罗斯方块》。这是一款相当知名的像素游戏，该游戏对网络、键盘、屏幕、像素等要求极低。在这一时期，互联网使用成本非常高，且能够连接网络的手机价格不菲，从而导致许多人还无法接触到移动互联网，只能体验一下当时普通手机中的单机游戏。2003年，诺基亚推出的 N-gage 游戏手机代表了手机厂商对手机移动游戏的重视。

2007年，乔布斯发明苹果手机 iPhone，世界进入移动互联网时代。苹果手机 iPhone 使得游戏挣脱了物理键盘的束缚，拥有了区别于"上下左右"的新玩法。但当时苹果手机的售价非常高，即便是小康家庭的成员都未必会舍得花费一个月的工资购买一台这样的手机，这就在一定程度上阻碍了智能手机用户使用数量的提升。随后，安卓 Android 所带来的"智能手机之风"填补了苹果手机的缺口，其亲民的价格让智能手机正式进入手机市场的热门销售行列。

2010年以后，智能手机行业市场规模快速扩大，其带动的移动游戏成为游戏产业新的增长点。移动游戏比传统游戏操作更为简单，如《愤怒的小鸟》《植物大战僵尸》《偷菜》《斗地主》等，无论男女老少都能玩。手机移动游戏很难像传统单机游戏一样设置如小说、电影般精细的剧情故事，也没有一般网络游戏的复杂操作。中国早期的电子游戏玩家主要是"80后"城市男青年，但时至今日，电子游戏已经全面普及，男女老少的手机中几乎都装有几款游戏。这样一来，也就造成了游戏玩家的分化：一部分核心玩家为了追求较高的游戏品质，会去购买 Xbox、PS4 或高配置的电脑玩高清画质的游戏；而大多数业余玩家则偏向于玩简单的网页游戏和移动游戏。由于网页游戏和移动游戏的玩家众多，其所带来的商机日渐受到游戏厂商的重视。

2015年11月，腾讯制作了《王者荣耀》，使得手机移动游戏进入全盛时期。自从苹果手机 iPhone4 推出之后，虽然我国苹果手机用户数量开始飙升，但价格千元左右的安卓智能手机依然是手机市场的佼佼者。作为移动互联网市场最具市场前景的产品，手机移动游戏的优势不断凸显。手机移动游戏玩家的疯涨推动了整个游戏市场规模的扩大，众多互联网公司和行业巨头开始转向手机移动游戏的研发。这一时期的手机移动游戏数量激增，但游戏质量却参差不齐。

经济的发展和互联网络技术的进步使得智能手机越来越普及。从当初简单的单机游戏，到模仿 PC 端的"打怪游戏"，再到后来具备社交功能的游戏，游戏品种的纷繁不仅代表着技术的升级，还彰显了在社会发展过程中个体需求的日益多样化。

借手机移动游戏发展的东风与电竞的风靡，移动端中富有竞技色彩的游戏引起了玩家的强烈兴趣。2016 年被称为"移动电竞元年"，《王者荣耀》《皇室战争》等移动电竞游戏产品都获得了爆发式增长，《王者荣耀》这款现象级移动电竞游戏甚至成为移动电竞史上的一块里程碑。之后，各方开始积极布局，移动电竞游戏逐步进入成熟、稳定的运营阶段。

2018 年，移动电竞游戏的浪潮达到了前所未有的新高度。《王者荣耀》作为 MOBA 移动电竞游戏的代表入选了第 18 届雅加达亚运会表演项目，这是电竞运动有史以来所登上的最高等级体育赛事，标志着移动电竞游戏进入了电竞发展的新阶段。

2019 年 3 月，全球历史最悠久的电竞赛事公司 ESL 协同美国电信巨头 AT&T 举办了大型移动电竞赛事——ESL Mobile Open。该赛事在 2019 年先后登上了 Dream Hack Dallas、ESL COLOGNE、米兰游戏周等重大线下赛事的舞台。移动电竞游戏在全球范围内累积了扎实的用户基础，并逐步成为电竞行业的中坚力量，收获了市场、内容、布局、政策、生态等多方面的优异成绩。

2020 年，在新冠疫情的影响下，线上娱乐产业快速发展，电竞市场整体实现逆势上扬。2020 年，中国最热门的游戏直播内容

TOP 5 中出现两款移动电竞游戏——《王者荣耀》和《和平精英》。根据 YouTube 所公布的信息显示，在 2020 年收视 TOP 5 的游戏中，同样出现两款移动电竞游戏——Free Fire 和《和平精英》。由此可见，移动电竞游戏已经在全球范围内掀起一股新的热潮。

2021 年 3 月，全球头部电竞赛事公司 ESL 宣布打造全球化移动电竞赛事，引入更多热门的移动电竞游戏、全新的电竞赛制和打造更广阔的赛区，为全球移动电竞游戏玩家提供竞技平台。自此，移动电竞游戏的浪潮从中国出发，涌向全球。

相对于传统电竞的高难度而言，移动电竞游戏更接近于"全民电竞"：玩家不再只是一个局外观众，而是更多地参与到电竞比赛中来，追求自我价值的"高光时刻"，领略电竞的魅力。手机移动游戏与移动电竞相互成就：手机移动游戏依靠移动电竞的影响力不断拓展边际，延伸内容，打造完整的产业链；同时，移动电竞反哺手机移动游戏。随着移动电竞赛事及其周边、品牌的推广，手机移动游戏的玩家体量也在呈几何级数增长，从而延长了游戏产品的生命周期。

未来，随着新技术的不断融合，移动电竞游戏热潮将进一步放大，也将拥有更加完整、更加成熟的产业链。移动电竞游戏积极加入电竞蓝海，其发展潜力无限、空间广阔。

第四节　游戏研究理论综述

依载体区分，游戏可分为电子游戏和非电子游戏。电子游戏又称"电玩游戏"，是指所有依托电子设备平台而运行的交互游戏。关于电子游戏的有关研究，近年来日益受到海内外学者的关注。国外已经涌现一些知名的电子游戏理论家，他们结合传播学、社会学、计算机科学、叙事学、经济学、休闲学等对电子游戏进行了跨学科的研究。美国赛吉（Sage）出版公司也有对电子游戏进行研究的 SSCI 核心期刊——《游戏与文化》。近年来，中国对电子游戏的研究逐渐增多，在中国知网搜索可以获得大量与之相关的期刊和论文，可见"游戏研究"是一个富有前途的研究领域。

一、与游戏研究相关的文献梳理

1. 叙事学派和游戏学派

关于"电子游戏的本质是什么"这个问题，学界早有叙事学派与游戏学派之争，从而也导致早期的游戏研究被分成了叙事学派和游戏学派。《理解电子游戏》这本经典的游戏学术著作指出，早期的游戏研究大致可分成两大派别——叙事学派和游戏学派。20世纪90年代，游戏研究学者主张用传统分析戏剧和电影的叙事学方法来分析网络游戏。布伦达·劳雷尔在《作为戏剧的计算机》中提出应用叙事学理论来分析电脑游戏。她认为，电脑不是一种计算工具，而是一种类似戏剧的媒介。珍妮特·玛瑞从叙事学的角度在《全息面板上的哈姆雷特：赛博空间上的未来叙事》中认为，电子游戏是小说、戏剧和电影后出现的一种新的叙事表现形式。以研究新媒体与媒介融合而著称的南加州大学教授亨利·詹金斯也认为，电子游戏是一种多媒体的讲故事的方式，内容产品在不同的媒介之间转换，游戏只是与电影、小说、动漫相类似的一种形式。例如，著名游戏《古墓丽影》《波斯王子》《生化危机》《仙剑奇侠传》等常被改编成影视作品，而《哈利·波特》《指环王》《蝙蝠侠》《变形金刚》等影视作品也常被改编为游戏作品。

　　然而，以哥本哈根信息技术大学电子游戏研究中心的爱斯潘·阿尔萨斯为代表的一些学者则认为，叙事学的方法过于守旧而忽视了电子游戏与戏剧、电影等媒介之间的差别，他们建议用游戏学（Ludology）的视角来研究游戏，于是便开始了游戏学与叙事学的长期论战。如果说叙事学派游戏研究者重视的是电子游戏的故事剧情，那么游戏学派的游戏研究者重视的则是电子游戏的可玩性、规则设置、人机互动和玩家之间互动。同样毕业于哥本哈根信息技术大学的詹斯伯·居尔是国外第一位获得电子游戏学的博士，也被认为是游戏学派的学者，他的博士论文《半真实：现实法则与虚构世界夹缝间的电子游戏》强调的则是"仿真性"。居尔认为，电子游戏是仿真世界中的游戏规则和人机交互。有些激进的学者公开反对从叙事角度去研究游戏。美国佐治亚技术学院的皮尔斯在其撰写的《走向一种游戏的游戏理论》中指出，将叙事学理论扩展到游戏理论领域是一种"理论帝国主义"："如果你有把铁锤，那么任何东西看起来都像钉子。换言之，如果你是个叙事理论家，那么任何东西看起来都像个故事。"

　　关萍萍教授有关网络游戏的论文《互动媒介论：电子游戏多重互动与叙事模式》吸收了国外游戏研究中叙事学和游戏学的一些理论，她认为，电子游戏是一种基于玩家之间游戏互动选择之上的新型叙事模式。厦门大学黄鸣奋教授发表了《从多学科、跨学科到超学科：当前西方数码游戏研究》《叙事学与游戏学：21世纪初西方数码游戏研究中的论争》等论文，他认为，传统叙事是作者主导的叙事，主要通过主人公的活动而展开；而数码游戏叙事是玩家主导的叙事，主要通过玩家化身在游戏世界中的活动而展开。"我们必须更新叙事学的观念，以适应数码游戏发展对理论的需要。"黄鸣奋如是说。

2. 网络游戏中的人际关系

单机游戏，简称"单机"，是相对于网络游戏而言的，指仅使用一台计算机或其他游戏平台便可以独立运行的电子游戏（不能进行互联网游戏）。如果说单机游戏是一种类似电影的叙事媒介，网络游戏则更像是一种赛博空间或虚拟社区，这种虚拟社区中的人际交往引起了国外有关学者的关注，他们主要采用虚拟民族志的方法，深入网游虚拟社区中进行研究。例如，美国麻省理工学院的T.L.泰勒教授所著的《在两个世界之间游戏》描述的就是作者深入到《无尽的任务》这款游戏中进行研究的情况。泰勒采用网络民族志的方法，进入虚拟的游戏世界与玩家一起体验游戏世界里的生活。她指出，网络民族志几乎是网络游戏研究所必须采用的一种研究方法。

加州大学欧文分校的人类学教授邦妮·纳迪所著的《我作为暗夜精灵牧师的生活：一份魔兽世界的人类学记述》是一部研究网络游戏《魔兽世界》的人类学田野调查报告。纳迪教授一直关注互联网、数码科技与人类生活的互动关系。她以前不喜欢网络游戏，也很反对自己的儿子玩游戏，认为那纯粹是在浪费时间。2005年，当她在给学生上课布置作业的时候，学生们分组讨论所选择的话题之一就是"网络游戏怎样形塑他们的生活、世界和人际关系"，纳迪教授从此开始对网络游戏中的虚拟世界感到好奇。在儿子的帮助下，她以一个新手玩家的角色开始组队、打怪兽、刷装备，与其他玩家在线上、线下进行互动，完成了对《魔兽世界》的人类学民族志的研究工作。纳迪教授重点观察玩家在游戏公会中的社交状况与自我认同等。在文中，她应用约翰·杜威在《艺术即经验》中所提出的美学思想，认为游戏是一种主动的美学经验。后来她还专门来到中国，在中国的网吧里进行了为期一个月的田野调查，研究《魔兽世界》中国玩家的情况，比较了中国的 Gold Farmer（游戏中的打金者）与美国玩家的不同。有趣的是，她还对《魔兽世界》的插件"大脚"（BigFoot）进行了论述。此后，纳迪教授还有《科技世界中的社交》和《与科技一起活动：活动理论与交互设计》等有关新媒体时代人机交互和人际社交的著作问世。

美国人类学家汤姆·博尔斯托夫的《进入第二人生时代：虚拟人类的人类学探索》也是一部采用虚拟民族志的方法研究游戏的佳作，其主要研究的是《第二人生》这款当年火爆一时的游戏。《第二人生》是总部位于旧金山的林登实验室于2003年推出的一款以合作、交融和开放为特色的大型3D模拟现实网络游戏。在这款游戏中，每个玩家都可以建立自己的一个虚拟"第二人生"，与同在这个虚拟世界中的其他玩家发生各种各样的关系。这是一款需要用户自行生产内容的游戏。林登实验室限定仅向游戏中的居民和企业提供土地和工具，让他们发挥想象，动手创造世界。例如，游戏中的3D虚拟建筑——天安门、泰姬陵、巴黎圣母院等都是玩家自己建造的，游戏里还有大企业微软、诺基亚等公司的虚拟总部。更重要的是，林登实验室还提供货币兑换，玩家可将在《第二人生》赚到的"林登元"兑换为真正的美元。书中还论述了《第二人生》虚拟世界中的空间与时间、虚拟化身、性别、友谊等虚拟文化。

西利亚·皮尔斯博士的著作《游戏的社区：多人游戏与虚拟世界中的沉浸文化》，描写了她通过参与一个游戏公会，不断进驻到多款不同游戏中去进行研究的情况。为此，皮尔斯博士自造了一个术语"UrU Diaspora（经常性移民）"来形容这种现象。很多资深的游戏玩家会在一款游戏中认识一群玩家朋友，之后，他们可能在游戏之外进入同一个 QQ 群。当新的一款游戏出现后，几乎整个 QQ 群的玩家都可能会"移民"到这款新的游戏中。其实，我国也存在很多顶级的职业游戏公会，公会成员就是靠打游戏挣钱为生，不断地进驻到各种新的游戏。

博尔斯托夫、纳迪、皮尔斯和泰勒后来还合作出版了一本关于网络民族志研究的书——《民族志与虚拟世界：方法手册》。这些游戏研究学者紧密合作，几乎形成了一个学派。

另外，威廉·姆斯和督切内将等人所撰写的论文《丛树屋到兵营：魔兽世界公会中的社交生活》研究了《魔兽世界》这款游戏公会中的人际关系。公会，是网络游戏中最常见的一种组织形式。该论文介绍了游戏中公会的人数、大小、分类等知识。这些作者采用网络民族志的方法，长期深入到《魔兽世界》的公会中，探访了40多名玩家后发现，在游戏的规则设置中，游戏鼓励某种形式玩家之间的互动，而同时又限制另一些玩家互动的方式。《魔兽世界》扩大了玩家与玩家之间现实生活中的关系，促进了玩家之间的社交。

台湾地区学者林鹤玲也做了大量网络游戏人际传播的研究。林鹤玲1989年获哈佛大学硕士学位，1995年获加州大学社会学博士学位，曾任台湾大学新闻研究所所长和社会学系主任，现兼任《游戏与文化》杂志主编，是台湾地区主要的游戏研究者。林鹤玲的《中国数字移民：魔兽世界台服中的接触与身份认同》研究了中国大陆玩家进入《魔兽世界》台湾服务器（简称"台服"）的问题。2008年，《魔兽世界》资料片《燃烧的远征》在中国大陆无法与世界同步上线，大批大陆玩家转战"台服"，这一现象被林鹤玲称为"数字世界移民"。成千上万的大陆玩家与台湾玩家在同一个虚拟社区里，每天花费大量的时间一起生活、一起战斗。通过一起玩游戏，两岸玩家有了较多的接触，促进了民心相通。林鹤玲的《在线世界中的风险管理》一文研究了网络游戏中部落和公会中的人际传播，探讨了在陌生人所组成的部落中所存在的信任与风险问题。文章指出，在一个充满风险的虚拟世界中，青少年玩家对于自己所扮演的角色在与其他玩家互动时常常持一种警诫的态度，并非像媒体所描述的那般天真脆弱、易受伤害。从这个角度来说，网络游戏也许会是青少年甚至成人练习风险管理的一个新空间。林鹤玲以超前的眼光看到游戏研究的重要性，发表了大量与之相关的研究文章。她还与国际接轨，引用了大量国外游戏研究的文献。

在网络游戏中，另一种显著的人际关系是社会贫富分层。2007年12月《南方周末》刊发一篇文章——《系统》，该文章介绍了玩家在《征途》这款网络游戏中花费大量金钱的原因。尽管没过多久，该刊的官网就删掉了此文，但当时还是在网络上引起了不少的争论。曹筠武凭借《系统》一文获得了2009年骑士国际新闻奖。这篇新闻报道虽然不是什么学术著作，却向人们揭露了网络游戏是如何挣钱的真相。

爱德华·卡斯特诺瓦是加州大学富勒顿分校的教授，也是研究网络游戏的经济模型、网上平等与阶级分化等问题的知名经济学家，著有《平行世界：网络游戏的经济与文化》和《向虚拟世界移民：在线愉悦是如何改变现实的》。根据《国际先驱导报》的报道，卡斯特诺瓦曾花了数月的时间研究日本索尼公司出品的网络游戏《无尽的任务》。基于黑市网上对虚拟货物的开价，通过计算，卡斯特诺瓦发现在《无尽的任务》里平均每个玩家每上网1小时即可创造319个虚拟网币，相当于每小时创造3.42美元，高于大多数国家的人均最低工资。卡斯特诺瓦又把所有玩家在一年里所创造的财富进行综合测算，求得在《无尽的任务》这个虚拟世界里的人均可支配收入为2266美元。如果对此进行排名的话，2266美元位于世界人均可支配收入榜的第77位。

网络游戏显然不是一个平等的竞技场，游戏中对于武器和账号的买卖使得有钱人总能更胜一筹。连接真实世界和虚拟世界的是金钱，而金钱作为一种交换媒介使得两个世界在某些方面得以融合起来，同时也把阶层、权力、社会架构部分带入了虚拟世界。有人的地方就有阶层、权力等，金钱使得虚拟世界成为现实世界的仿照。赫伊津哈所说的游戏封闭性的"魔法圈"被完全破坏，游戏再也不是非功利性的。在网络游戏中，谁的金钱花得多，谁就更强。

3. 网络游戏对玩家自我认同的影响

较早关注在网络游戏虚拟社区中玩家的自我认同问题的是麻省理工学院的心理学教授雪莉·特克尔，她在《虚拟化身：网络时代的身份认同》中讨论了玩家在 MUD 世界中的多重体验与自我观念的形成。其后，特克尔教授又在《第二个我：电脑与人类精神》中进一步探讨了网络游戏对玩家的自我意识及社会意识产生的影响。特克尔教授的另一本书《群体性孤独》也是关于虚拟世界对现实世界影响的继续探讨。此后，很多学者开始关注一个问题，即长期在网络游戏中扮演一个虚拟化身的玩家，其对现实中的自我认同究竟有何影响。

台湾大量学者针对"网络游戏与自我认同"这一问题发表了一系列作品，例如罗文坤的《角色扮演线上游戏玩家形态之研究》、方瑀绅的《青少年在网咖线上游戏自我认同之探讨》、林雅容的《自我认同形塑之初探：青少年、角色扮演与线上游戏》、冯淑芬的《青少年在线游戏人物角色扮演认同之研究》、侯蓉兰的《角色扮演的网络游戏对青少年自我认同的影响》、陈怡安的《线上游戏的魅力：以重度游戏者为例》、陈俞霖的《探讨网路同侪对 N 世代青少年认同感的追寻的意义》、陈佳婧的《网路中的人际关系、互动经验与自我认同》等。中国大陆也有一些学者发表相关研究作品，如刘泓的《虚拟游戏的身份认同：网络游戏的文化体验之反思》、王薇的《为承认而斗争：网络游戏玩家的群体认同》等。在研究中，他们借鉴了大量芝加哥学派的符号互动理论。

美国心理学家威廉·詹姆斯对"自我"一词下了这样一个定义——"自我，是自己所知觉、感受与思想成为一个人者"。他认为，自我的客体由三部分组成：（1）物质我（body image），包括个人的身体、衣物、房屋、家庭、财产等；（2）社会我（social self），即源自他人的认可，例如声誉等；（3）人格我（self identity），包括个人的意识状态、特质、态度、气质等。其中，社会我高于物质我，而人格我又高于社会我。

芝加哥学派的库利基于对"自我"一词的理解，提出了两个重要概念——"镜中我"和"首属群体"。库利常说"我想象在你的眼里我是什么人，我就是什么人""人们彼此都是一面镜子，映照着对方"。库利如此定义"镜中我"：他人的姿态充当了镜子的作用，从中可以看到并衡量自身，正如他们在社会环境中看待和衡量其他事物一样。库利还认识到，"自我"是以群体为背景，在互动中产生的。他提出"首属群体"的概念，即那些存在私人关系和密切关系的小群体，例如父亲、母亲、兄弟、姐妹、同事和教师等。首属群体对于人们形成自我感知和自我态度是极为重要的。

同样来自芝加哥学派的米德则强调："自我具有一种不同于生理学有机体本身的特征：自我是逐步发展的，它并非与生俱来，而是在社会经验与活动的过程中产生的。"米德将自我的发展看作是"主我"（I）和"客我"（me）的持续对话。"客我"是社会交往中个人对社会需要的理解，而在诸多"客我"的背后，隐含着一个具有个体特性的"主我"。自我的概念是两种"我"（"I"和"me"）的结合体。"I"是指并非作为意识对象的独立个体，"me"是指通过角色扮演而形成的社会中的自我。米德认为，自我源于社会相互作用，象征符号在其发展中起重要作用。米德非常强调"角色扮演"和"网络游戏"的联系。在虚拟的网络游戏世界中，玩家需要扮演一个角色来完成游戏。而在人生的"现实游戏"中存在同样的模式，因为每个人都要在对众多角色认知的基础上扮演各自的角色。

目前，很多网络游戏都是角色扮演游戏，欧文·戈夫曼的理论恰好可以被用于解释角色扮演游戏中的"自我呈现"。戈夫曼深受库利、米德和布鲁默等芝加哥学派的社会学家影响，是芝加哥学派的集大成者。戈夫曼在《日常生活中的自我呈现》一书中创立的"拟剧理论"所关注的正是人们在日常生活中如何运用符号预先设计或展示自我在他人面前的形象问题，即如何利用符号进行自我表演，并使这种表演取得良好的效果。戈夫曼认为，每个人都有两个自我形象：一个是表演给别人看的，在印象塑造过程中所要表现的角色；另一个是他自己心目中的自我观念。前台场域所表演的自我形象为"外表的我"，后台场域的本来面目为"内在的我"。外表的形象是故意表演给别人看的，久而久之，自己也认同了这个"外表的我"，以至成为内在自我的一部分，最后达到内外合一。笔者认为，一个人在现实生活中存在很多内外差别较大的情况。例如，如果一个性格活泼、幽默的人从事教师行业，那么他在讲台上就必须戴上严肃、稳重的假面具，这样才能扮演好教师的角色。但在游戏的虚拟世界中，玩家没必要刻意伪装自己，玩家在网络游戏中所扮演的角色基本上能体现他的真实性格。哲学中，最根本的是"我是谁"的问题，在网络游戏中，玩家或许更容易找到这个问题的答案。

4. 游戏动机与游戏成瘾问题

为什么一些玩家会沉迷于游戏中？游戏成瘾与游戏动机问题较早受到了研究者们的关注。传播学里著名的"使用与满足理论"经常被一些学者拿来解释人们玩游戏的动机问题。"使用与满足理论"大约起源于20世纪40年代，形成于20世纪70年代。在传播学历史中，美国社会学家 E. 卡茨被认为是"使用与满足理论"最主要的代表人物之一，他论述了对媒介使用与满足进行调查研究的基本逻辑：（1）具有社会和心理根源的（2）需求，引起（3）期望，（4）即大众媒介和其他信源（的期望），它导致（5）媒介披露的不同形式（或从事其他活动），结果是（6）需求的满足，和（7）其他或许大都是无意的结果。

随后，德弗勒等人又发展出"媒介依赖理论"。该理论认为，一个人越依赖于通过使用媒介来满足需求，媒介在这个人的生活中所扮演的角色就越重要，而媒介对这个人的影响力也就越大。"媒介依赖理论"经常被用来分析网络成瘾和游戏成瘾的问题。

在"使用与满足理论"的基础上，学者们探讨了玩家从网络游戏中所获得的满足感。罗兰·巴特是最早对游戏动机进行研究的西方学者之一，他把 MUD 玩家分为四类：成就者（achiever）、探索者（explorer）、社交者（socializer）和杀戮者（killer）。

伊在巴特研究的基础上提出，网络游戏玩家的游戏动机主要有以下三种：（1）成就型（achievement），即玩家通过游戏中角色等级的提升、虚拟货币的积累、装备的提高等来获得自我满足的成就感；（2）社交型（social），即玩家的根本目的在于享受游戏中的社交生活，例如几个同班同学经常一起去网吧玩游戏，或经常在游戏中组成公会等组织一起战斗，这样更有利于增进彼此在现实世界中的友情;（3）沉浸型（immersion），这类玩家为了逃避现实生活中的不愉快，通过玩游戏来分散注意力，从而沉浸于美妙的虚拟世界。这三类游戏动机并不相互排斥。例如，有些玩家既有在游戏中实现角色升级以获得成就感的需要，又有社交的需求。伊主要采用定量的研究方法。他在网络上收集了数千份问卷，最后通过比较得出结论："沉浸型"是玩家玩游戏的最主要原因。为何如今网络游戏越做越逼真、越来越追求视觉的仿真效果，原因就在于此。

心理学中的"心流理论"也经常被游戏研究者们提及。"心流理论"又译作"沉浸理论"。"心流"的概念最早由米哈里·契克森米哈赖于20世纪60年代在一篇博士论文中提出。他对数百名攀岩爱好者、国际象棋选手、运动员和艺术家进行了采访与研究后，发现这些受访者在从事自己所热爱的活动时都获得了一种令自己倍感兴奋的情绪体验。一些受访者借用"心流"一词来描述他们当时的情绪感受，声称这种情绪毫不费力并且如水流源源不断地出现。后来，契克森米哈赖把这种情绪命名为"心流"，并将之定义为"全身心专注于某项活动的完全状态"。契克森米哈赖指出，"心流"就是"全神贯注于某件事情"，是"一种完全投入自己的行为"，是"人们完全投入后的整体感觉"；当处于"心流"状态时，"人们行为模式是相同的，完全被他们所关注的某件事情所吸引着。注意力集中于某件单纯事件，而对周围事情视而不见，似乎处于一种失去自我的状态"。

契克森米哈赖指出，形成"心流"的关键要素是"活动本身自成目的"；"心流"的经历是"一种引人入胜的和内在的奖赏"；"心流"的经历"使得其本身具有目的性，或本质上值得奖励"；"心流"状态是人意识中一种"自带目的"的内在动机活动方式，它的目的是要体验行为本身，而不是想获得行为所带来的任何外在奖励或其他好处。契克森米哈赖在2000年所撰写的一篇文章中进一步指出，"心流"是"人们如此强烈地投入一种活动中，其他任何事情显得都不重要了；这种经历让人如此享受，以至人们愿意花很大成本去完成它""人们得到一种非常愉快的感觉、一种高度享受，以至人们愿意花费一定的精力和物力去体验它，纯粹是为了享受它所带来的感觉"。"心流理论"经常被用来解释为何很多玩家愿意不睡觉在网吧通宵达旦地玩游戏，以及很多大学生宁可冒着考试"挂科"的危险也要天天玩游戏等一系列不良的现象。

邦妮·纳迪在《我作为暗夜精灵牧师的生活：一份魔兽世界的人类学记述》一书中谈论游戏成瘾这一问题时，引用了约翰·杜威的一句话——"在审美中一般都会有激情的存在，但是如果这种激情变得失控，例如极度的愤怒、恐惧、嫉妒等，这种激情就不再是美的了。因此这种审美要控制在一定的场合和情境中"。事实上，能让人过度沉浸于自己所享受的事物几乎都具有副作用，就好像那些能让人拥有快感的吸烟、饮酒等行为，一旦过于沉溺，就会产生不良后果。

目前，针对游戏动机这一问题的研究论文发表较多的是我国中山大学的钟智锦教授，他主要采用定量方法进行受众研究。钟智锦教授发表有《网络游戏玩家的基本特征及游戏中的社会化行为》（2011）、《使用与满足：网络游戏动机及其对游戏行为的影响》（2010）、《暴力游戏对玩家暴力倾向的影响：理论、方法与结论》（2010）等诸多研究文章。另外，香港中文大学新闻传播学院的冯应谦教授也进行过一些有关游戏受众问题的研究。在《香港游戏玩家网络游戏成瘾探究》一文中，他表示，游戏玩家的年龄和受教育程度与网络游戏成瘾倾向呈负相关。目前，关于游戏动机、游戏成瘾等问题的研究大多采用定量方法。冯应谦教授就此提出，研究应多使用定性的方法，如深度访谈、焦点小组等，这样才能更深入了解中国玩家参与游戏的一些具体情况。

5. 游戏产业和游戏出海研究

游戏出海近年来备受瞩目，不少学者就这个问题的研究也发表了诸多著作及论文，如刘静忆、李怀亮的《全球游戏市场格局演进视域下的中国游戏"走出去"机遇与策略分析》、邹丽媛的《中国移动游戏出海发展现状及趋势研究》、成锦鸿的《"一带一路"机遇下中国游戏出海势头强劲》等。因这些著作和论文的作者多为"90后"，其理论性还稍显欠缺。另外，很多业界的专家也撰写了不少相关的研究报告，其中，腾讯研究院的《2019中华数字文化出海年度观察报告》、独立出海联体的《2019中国游戏出海白皮书》、扬帆出海联合Akamai（阿卡迈，领先世界的内容交付网络服务提供商）发布的《2020年中国手游出海入门白皮书》等都对"中国游戏出海"这一问题进行了深入的研究。但这些报告大多是对数据的罗列，学术性相对欠缺，而针对"将网络游戏作为一种能够提升中国软实力的对外传播重要方式"这一问题的研究则更少。

二、相关文献梳理

1. 国际传播研究

国外最早出现的是以施拉姆、勒纳、罗杰斯等人为代表的"现代化理论"，该理论认为，国际传播可以帮助科技和民主制度从发达国家传播到发展中国家，从而促进其现代化进程的提速。随后，有人提出了"依附理论"，认为发展中国家过于依赖发达国家，反而不利于其自身的发展。赫伯特·席勒在其著作《大众传播与美利坚帝国》中提出了"文化帝国主义"的概念。席勒提醒人们注意从美国出口的电影、音乐和其他媒介产品对发展中国家本土文化的潜在影响。阿芒·马特拉在《世界传播与文化霸权》一书中也对文化帝国主义进行了批判。总之，理论家们普遍认为，全球文化不该是以美国为主导的同质化文化，而应是各国文化的融合化发展。

英国传播学界的领军人物詹姆斯·卡伦在《去西方化媒体研究》一书中提出了"研究西方以外的媒体"的观点。印度学者达雅·屠苏则认为，当今世界"去中心化"趋势明显，当谈论"软实力"这一概念时不能忽视美国之外的其他新兴力量。在数字化、全球化和全时化日益显著的多媒体时代，媒体与传播的过程已从西方到他国的单向度垂直流动，逐步让位于一种复合化、水平化的流动。其中，亚洲地区很多国家扮演了日益重要的角色。英国著名传媒学者戴雨果之所以在中国广为人知，是因为2013年中央电视台播出了他所摄制的纪录片《你所不了解的西方故事》，该片对西方进行了猛烈的批判，这些都体现着西方文化霸权正在逐步瓦解。

2. 跨文化传播研究

爱德华·霍尔的著作《无声的语言》被认为是跨文化传播的开山之作。此后，许多学者都投入到跨文化传播研究的领域，并对此发表了不少著作。如奥立弗1962年出版的《文化与传播》、史密斯1966年出版的《交际与文化》、霍尔1976年出版的《超越文化》，以及萨默瓦、波特1980年出版的《跨文化传播》等。

爱德华·霍尔虽然被誉为"跨文化传播研究之父"，但他本质上是一个人类学家。霍尔在哥伦比亚大学人类学系获得博士学位，深受美国人类学之父法兰兹·博厄斯和《菊与刀》的作者鲁思·本尼迪克特的影响。他与麦克卢汉交往甚深，麦克卢汉所提出的"媒体是人的延伸""热媒介""冷媒介"等概念均受到霍尔的影响。

3. "一带一路"与东盟传播研究相关文献

李庆林在其所撰写的《中国－东盟传媒合作的问题与对策研究》中指出，中国－东盟传媒合作对促进中国－东盟民心相通和中国开展周边外交意义重大。当前，中国－东盟传媒合作过程中存在理论准备不足、合作机制不畅、合作方式单一等一系列问题。未来，中国－东盟传媒合作应注意更新合作理念、强化智库建设、实现精准合作、对社交媒体和视觉符号加以运用等，进一步提升中国－东盟传媒合作的水平，以更好地为构建中国－东盟命运共同体服务。

易文（2019）在其所撰的《直面挑战，构建共识：新形势下中国对东盟传播的再思考》中指出，新时代下中美关系恶化，我们要改变过去相对保守的做法，在与东盟地区的意识形态博弈中要敢于"亮剑"，对妖魔化和抹黑中国的言论应及时进行回应和反驳。

万忆（2012）在其所著的《向东盟传播中国：公共外交视野下的中国东盟新闻交流》中认为，在广西媒体公共外交视野下，东盟传播工作有待从自发走向自觉。于官方和政界的论述而言，以媒体推进对外传播的公共外交已成为新时期中国外交工作的重点。

刘峰、严三九（2018）在《东盟国家周边传播的文化捷径》中指出，中国对外传播的传统方式向来都以宣传为主，用生硬的方式讲述"硬核"的故事，具有鲜明的强主观性、弱互动性特点，传播视角较窄，且常以国内新闻、特定宣传材料为主要传播内容，是一种带有一定政治立场与倾向性的"我说你听"式单向传播方式，尚未形成媒介融合的跨文化传播思维，缺乏本土文化面向海外化推广的有效手段。加之文化及语言方面的差异，外国人很难理解并接受中国文化，因此宣传效果大打折扣。刘峰、严三九建议，在当今周边传播环境下，我们应尽快实现从"对外宣传"向"对外传播"的转变，探索既适合东盟国家需求又能够体现中华文化特点的文化传播方式。

时遂赢等人（2019）在其所撰的《讲好中国故事视角下我国对东南亚文化传播力提升策略研究》中指出，推进中国文化在东盟国家的传播有利于开拓中国在东盟国家的文化产业市场，扩大市场份额，促进经济增长，实现两者之间的互惠互利、共同繁荣。文化本身具有很强的产业属性，随着我国文化产业的升级与发展，面向东盟国家的传播为其打开了一扇对外输出的重要窗口。

中国 - 东盟合作为文化产业面向东盟发展提供机遇的同时也提出了新的要求，我国文化产业应从自身发展出发，进一步厘清其中存在的障碍，努力对促进中国 - 东盟文化产业的合作发展产生重要作用。

第五节　研究问题和研究方法

1. 文献法

文献法即通过查阅大量有关游戏研究和国际传播研究方面的文献，分析腾讯、艾瑞网等中国游戏产业报告的相关数据，梳理与游戏研究相关的诸多核心文献，并参考大量研究国际传播和东盟传播的资料，从而全面、正确地掌握所要研究的问题。

2. 实地调研法

毛主席曾说过"没有调查就没有发言权"。当下，对于中国游戏在东盟国家的传播情况，只有深入当地进行实际调查，才能够真正获得了解有效数据。为此，笔者所带领的课题组一行人曾去到越南、老挝、马来西亚、泰国等地开展调查研究，以便更好地了解中国游戏在东盟国家的跨文化传播情况。

课题组重点考察越南首都河内三家比较大的网吧，每个网吧随机采访了3~5人。本次调查所选择的三个网吧可说是河内较有代表性的三个网吧。总体来说，越南网吧数量不多、规模较小、环境差、玩家多，但服务热情。据网吧的一名服务员介绍，因网吧附近有一所大学，周边人流较大，网吧平时生意极好。网吧里，大部分人在玩《英雄联盟》《和平精英》等，这都是时下比较流行的网络游戏。课题组采访了一名正在玩《英雄联盟》的16岁辍学青年Duong，他告知我们他对中国的网络游戏还是比较喜爱的。当被问及为什么喜欢玩《英雄联盟》时，他说："这款游戏很考验团队之间的协作性，比较刺激，而且全球都在玩。"除此之外，Duong还玩越南版的《武林传奇3D》。这款游戏是我国游戏厂商西山居打造的一款武侠类网络游戏，自2004年出海越南以来，一直占据着越南游戏的主流市场。经过三代的发展，该游戏现在在越南已经有着较大的影响力。Duong说自己最喜欢《武林传奇3D》的游戏画面，因为其制作得非常真实，能够让人身临其境；另外，这款游戏根据一条主线让玩家来完成任务，故事性强且有意思，能够让人比较好地了解中国古代的历史。

3. 深度访谈法

首先，课题组采访了越南、老挝、马来西亚等多国的游戏玩家。笔者所在的高校在广西，距东盟国家相对较近，校里有很多来自东盟国家的研究生，为访谈工作的开展带来了极大的便利。其次，课题组还与腾讯游戏出海事业部进行了多次交流，笔者还参与了腾讯研究院《2019中华数字文化出海年度观察报告》的撰写工作。最后，笔者有学生在腾讯公司总部实习，专门从事研发《和平精英（海外版）》的工作。这些都为课题组访谈工作的开展提供了更多便利。

4. 网络民族志

早期，对互联网进行全面的民族志研究的著作是2000年人类学家米勒和社会学家斯莱特合著的《互联网：一项民族志研究》。同年，克里斯汀·海因出版了《虚拟民族志》一书，系统地阐述了对互联网进行民族志研究的可能性及方法论原则。根据海因的界定，虚拟民族志是在虚拟环境中进行的、针对网络及利用网络所开展的民族志研究。自此，虚拟民族志作为致力独特地理解互联网的重要性及其意涵的方法正式被采纳和推广，与其相关的著作和研究论文与日俱增。

国外也有一些针对网络游戏民族志开展的研究，例如泰勒的《在两个世界之间游戏》一书就是讲述作者深入到《无尽的任务》这款游戏进行研究的情况。泰勒采用网络游戏民族志的方法进入虚拟的游戏世界，与玩家一起体验游戏世界里的生活。她指出，网络游戏民族志几乎是网络游戏研究所必须采用的一种研究方法，因为参与网络游戏是一种体验，只有进入网络游戏的世界才会真正明白为什么有的玩家会废寝忘食地玩游戏，有的玩家为什么会愿意在虚拟世界里一掷万金……

邦妮·纳迪在《我作为暗夜精灵牧师的生活：一份魔兽世界的人类学记述》一书中提到，自己一开始根本就没有具体的研究假设和研究问题，对她来说，进入《魔兽世界》这款游戏的虚拟世界就好像出国旅游一样让人感到新奇。这是一个完全令人感到陌生的文化世界，纳迪只是想去发现"生活"在这个虚拟世界的人们在做些什么，还有他们如何看待自己的做法。最后，纳迪在书中完成了她所期望实现的三个目标：一是分析网络游戏对人类生活所产生的意义及这些意义所呈现的方式；二是网络游戏及其数码产品改变了我们的生活方式，让人与人之间的交流变得更多层次化、内容化，而不是人们所认为的那样僵化了人与人之间的交往及弱化了人际关系的存在；三是将网络游戏民族志提供给那些不熟悉网络游戏玩家的人，为他们打开一扇了解《魔兽世界》玩家的窗户。

泰勒和纳迪等人合著的《民族志与虚拟世界：方法手册》是一本详细讲解网络民族志方法的专著。这本书首先论述了民族志方法的历史、虚拟社区的历史和在虚拟社区中应用民族志方法的历史。其次，探讨了民族志方法的十个误解：民族志是不科学的；民族志不如定量研究可靠；民族志只是简单的奇闻逸事；民族志研究容易被主观性破坏；民族志仅仅是直觉的；民族志只是记录个人经验；具体的在场会对场景有误导；民族志和扎根理论是一样的；民族志和民族方法学是一样的；民族志方法会被淘汰。最后，该书详细论述了虚拟民族志开始前的研究设计，如研究问题的准备与对要参与的虚拟社区的选择，如何参与到虚拟社区中去，如何进行有效的线上、线下访谈；数据收集的方法，如截图、获取视频、声频记录等；研究伦理，如匿名性与网络上的男女关系等；对数据的整理与分析。

在本项目的研究中，笔者就很重视对虚拟社区的选择、线下访谈与游戏截图等。笔者曾下载并体验了《王者荣耀（海外版）》等在东盟国家流行的多款网络游戏，研究了这些游戏的翻译情况，并在游戏中多次与东盟玩家进行交流。

5. 案例分析法

案例分析法主要对三款网络游戏《王者荣耀》《和平精英》《原神》进行案例分析。这三款网络游戏非常具有代表性，近年来每款每年收入都超过10亿美元。不光经济收益惊人，因为其具有上亿的玩家，社会影响也相当巨大。《王者荣耀》在国内的日均活跃用户达到1亿，如果算上海外版游戏，日均活跃用户数量应该更多。

第二章

如何讲好故事：
网络游戏的叙事功能探析

第一节 网络游戏：一种新型叙事方式

一、从经典叙事学到数码叙事学

根据前文综述，我们知道早期的游戏研究主要沿用了叙事学方法，即把电子游戏当成是一种新型的叙事方式。叙事学诞生于20世纪60年代，如今已经有了从经典叙事学到后经典叙事学的学科发展。经典叙事学是在结构主义的基础上发展起来的，是对叙事文本进行研究的理论，它比较关注文本本身；而后经典叙事学除了关注文本，还关注读者与文本之间的互动，且研究对象从文学扩展到了电影、游戏等题材。

虽然古希腊哲人们早就开始了关于叙事的思考，如柏拉图提出的对叙事进行的模仿（mimesis）和叙事（diegesis）的著名二分说，但是最早明确提出"叙事学"这一概念的一般认为是法国人茨维坦·托多罗夫，因此托多罗夫被视为叙事学的创始人。这位法国著名结构主义符号学家在1969年出版的《十日谈》中首次提出："这门科学属于一门尚未存在的科学，我们暂且将这门科学取名为叙事学，即关于叙事作品的科学。"而在此之前，1966年，法国社会学家、作家罗兰·巴特的《叙事作品结构分析导论》、克洛德·布雷蒙的《叙事可能之逻辑》与格雷马斯《结构主义语义学》都可被视为当代叙事学的奠基之作。

近年来，随着计算机科学的发展和数码新媒体的出现，数码叙事学也开始兴起。我国著名科幻电影及数字艺术研究专家黄鸣奋教授在其所撰写的《当代西方数码叙事学的发展》中提出，数码叙事学是后经典叙事学的分支。黄鸣奋教授认为，数码叙事学是以数码媒体的交互性叙事为核心的，其适应了网络时代建构传播者和接受者新型关系的需要，故拥有重要的价值与广阔的前景。

二、交互性叙事学

1. 网络游戏与交互性叙事

当今的中国非常重视讲好中国故事，而网络游戏就是互联网时代讲故事的一种媒介。早期的游戏研究主要沿用了叙事学方法，研究对象主要是单机游戏。单机游戏与电影极其类似，它们有着完整的叙事剧情。美国人布伦达·劳雷尔在《作为戏剧的计算机》中运用亚里士多德《诗学》中的基本观念分析新媒体艺术的人机交互性，认为电子游戏是一种交互性叙事。劳尔将交互性界定为人类参与表现背景中的行动的能力，认为计算机已经变成一种交互性、表现性的媒体，它将激发与改变人类对现实世界的新体验。

美国麻省理工学院的莫里在其所著的《桌面上的哈姆雷特：数码空间中的未来叙事》中分析了叙事传统在不同媒体下的延续，他认为，从口头故事到书写的叙事传统是源远流长的，从印刷小说到电影之间同样存在着叙事传统的延续。

著名游戏设计师 Chris Crawford 则认为，互动性的功能定义在游戏呈现和最终产品中占据着重要的位置，互动性为数字时代的众多新媒体形式带来了其他媒体所没有或不擅长表现的竞争优势。的确，没有任何的电影、音乐 CD、油画可以提供互动性，只有计算机以及那些虽然不叫"计算机"，但其具备计算机功能的设备，譬如电视游戏机或高级手机等可以提供互动性。因而，对数字内容来说，互动性是目前新媒体有别于传统媒体的优势。

2. 网络游戏交互性叙事的历史

在远古时期，虽然人类早已发明了叙事，但交互叙事的历史并不长，直到计算机时代才诞生。Jennifer Grouling Cover 指出，产生于二十世纪六七十年代的纸笔角色扮演游戏与游戏书本（互动小说）是互动叙事的源头，它们在网络游戏与视频游戏尚未流行时就创造了互动叙事的形式。随后，冒险游戏以文字与图像的方式实现互动叙事，但它开启了另外一种交互形式。作为后继者的还有 MUD 等。

1967 年诞生的首部互动电影《自助电影》可视作互动小说的精神延续，其实质和以交叉选择与分支结构为核心的互动小说非常类似。由此演变而来的可活动视频游戏（Full motion video based games，简称 FMV）高度依赖预先所设置的电影与动画片段，即玩家无法直接操控剧中人物角色的动作，而是通过一定的按键提示来输入正确的指令，从而控制剧中人物角色做出相应的动作以延续剧情，而操作失败的后果便是玩家所操控的人物角色的死亡。此后衍生出了 QTE（Quick Time Event）的模式，这主要是一种考验玩家即时反应的系统：在实际游戏的过程中，玩家要对游戏画面上出现的按键迅速做出反应，并按下与画面相对应的按键。在《波斯王子：时之沙》这款游戏中，已有 QTE 在王子使用匕首吸收沙之怪物身上的时之沙时出现，后来《波斯王子 3》将 QTE 制作得更加完美——设计出了一系列动作令王子在接近敌人时进行"瞬杀"的画面。此后，QTE 在《古墓丽影》《战神》《生化危机》等经典游戏中继续"发扬光大"。

1975 年，威尔·克罗什编写了最早的文字冒险游戏——《洞窟历险》的程序。克罗什是个业余洞窟勘探爱好者，为了打发时间，他决定制作一款游戏和孩子们一起玩。于是，他在电脑上开始尝试制作一款纯文字游戏，即利用文字描写来重现美国肯塔基州的猛犸洞穴。这款最初没有图像的游戏只能靠玩家操作自己观看到的文字来对图像进行想象，比如当角色走到某个场景时电脑上会显示一段文字——"你现在正身处在一个庞大的、无比华丽的、足有三十层楼高的洞窟中，其四周的橘红色石墙从冰河世纪就存在至今……"玩这种游戏就好像看小说，但是玩家需要通过操作键盘来控制剧情的发展。而随着计算机图形学的发展，这种文字冒险游戏后来逐渐演变成了《波斯王子》等3D图形冒险游戏。这时，交互叙事性仍没有什么改变。正如珍妮·诺瓦科在《游戏设计完全教程》中所说，"电子游戏通过技术和创造性的突破转变成为一种令人难以想象的强有力的故事叙述媒介……电子游戏将变成21世纪的文学"。

把游戏当作一种交互性叙事的观点也受到了一些人的批评。正如前文已经提到，以哥本哈根信息技术大学电子游戏研究中心的爱斯潘·阿尔萨斯为代表的一些学者认为，叙事学的方法过于守旧而忽视了电子游戏与戏剧、电影等媒介之间的差别。他们建议用游戏学的视角来研究游戏，于是便开始了关于游戏学与叙事学的论战。作为游戏学派的代表人物，詹斯伯·居尔旗帜鲜明地反对把游戏视为叙事，他指出如《俄罗斯方块》这款游戏就不具备叙事元素。居尔在《游戏讲故事：论游戏与叙事》中，尽管他承认玩家可以讲述游戏的某段故事，但游戏与叙事之间是有着很多差异的，对二者的差异尚待进一步探讨。笔者认为，把游戏完全等同于叙事肯定是存在争议的，因为在一些赛车运动和球类游戏中确实没有叙事性，但如果一直争论游戏究竟是不是叙事也是在浪费时间，因为绝大多数单机游戏尤其是在角色扮演游戏中明显含有叙事元素。因此，笔者相信，未来，电子游戏可以成为继小说、电影之后的一种主要的叙事方式。

随着"西风东渐"，电子游戏逐渐进入中国。如果要评选出在中国影响力最大的一款单机游戏，那一定是《仙剑奇侠传》。它后来被拍成电视剧，产生了广泛的社会影响。

《仙剑奇侠传》成功地塑造了李逍遥、赵灵儿、林月如等人物角色，故事剧情引人入胜。这种剧情无论是用小说、影视还是游戏都可以进行表达，只是用游戏这种方式来进行表达，玩家操作角色时的代入感最强。

国际著名结构人类学大师列维·施特劳斯发现，在各民族形形色色的神话之下隐藏着某种永恒的普遍结构，即一种稳定不变的内核。任何特定的神话都可以被浓缩成这种结构，即叙事中所谓的深层结构。如《波斯王子》《超级马里奥》《最终幻想》等游戏中也隐藏着类似的深层结构。

神话学家约瑟夫·坎贝尔认为，神话的意义是具有象征性的，这种象征意义是心理上的。在《千面英雄》一书中，他吸收了弗洛伊德等人的思想，参考了神话故事和人的自我发现。著名美国导演乔治·卢卡斯在拍摄《星球大战》时，也参考了神话学家坎贝尔的神话学观点。《星球大战》对日本"最终幻想之父"坂口博信影响很深，从而影响了他后来很多电子游戏剧情的设计。

3. 网络游戏中的人机交互

通过分析"游戏"一词的定义可以知道，交互性是游戏的一大特征。电子游戏玩家就是通过人机交互来控制游戏，从而展开游戏中的叙事。20世纪70年代，人们开始关注人机交互这一门研究系统与用户之间交互关系的学问，即用户通过人机交互界面与系统交流，并对计算机进行操作。对人机交互界面的设计取决于用户的需要。人机交互是信息科学与计算机科学融合的一个重要的研究课题。

斗鸡、博弈、蹴鞠等古代传统游戏都是人与人之间的交互，而在单机游戏中更多是人机交互。工业革命之初，伴随着机器的产生，人们对机器的神奇想象开始了。法国近代著名哲学家拉美特利的著作《人是机器》便是这种意识的反映。20世纪50年代，计算机先驱立克里德在《人机共生》中预见到"人机对话"的未来。他认为计算机可以充当人类的合作者，并提出关于构建人与机器之间共生关系的新观念。荷兰马斯特里赫特大学人工智能领域研究人员戴维·李维在其所撰写的关于人与机器人关系的《与人工伙伴的亲密关系》中，预测人与机器人结婚很快成为现实。机器人可以成为人类心灵的伴侣，说明了人机在情感层面上交互的可能性。

"控制论"（cybernetics）一词最初来源希腊文"kubernetike"，是"向导"和"舵"的意思。依据柏拉图所下的定义，这是"一种引导人的艺术"或者是"统治的艺术"。"控制论"的创始人诺伯特·维纳的著作《控制论：或关于在动物和机器中控制与通信的科学》和《人有人的用处》的出版，奠定了控制论的理论基础。维纳认为人类通信应当是一种人机交互、机机交互的模式，这一著名的观点成为人机交互与界面设计的前提。维纳将控制论定义为"在人与机器之间传输信息的科学"，旨在提高信息社会中人类生活的质量。控制论立足于被控制对象的交互与反馈，使其运动状态与方式符合控制者设定的目的。而在电子游戏中，玩家是通过人机互动操控屏幕中的虚拟化身来完成各种任务的，若操控正确就会得到正确的反馈，若操控失误就会得到失败的反馈。

传统电脑游戏的人机互动主要通过键盘与鼠标来实现，而家用主机游戏的人机互动主要靠手柄来实现。近年来，人机互动的形式发生了很大的变化，如 iPhone 和 iPad 创造的直接用手指操控屏幕的人机互动模式。随着科技的发展，目前最先进的人机互动模式是体感控制，即玩家不用依靠任何键盘或手柄，只需在屏幕前运动便可操控游戏里的人物角色。日本任天堂公司在2006年推出了一款具有革命性的游戏机 Wii，玩家不需要用鼠标、键盘和游戏手柄去控制游戏角色，只需通过身体的运动就能使屏幕中的角色做出相应的仿真运动。随后，美国微软 Xbox 360 在 2011年发布了类似 Wii 的体感外设 Kinect。Kinect 彻底颠覆了游戏的单一操作，使人机互动的理念更加彻底地展现了出来。Kinect 凭借发布后头两个月 800 万台的销量，被评为有史以来销售最快的一款电子消费产品。未来，Kinect 的交互技术可能还会大量被运用在物联网当中。

4. 交互性叙事带给玩家的主动性

瓦尔特·本雅明在《机械复制时代的艺术作品》中写道："巫师与外科医生这一对正好可以比作画家和摄影师这一对。画家在他的作品中与现实保持了一段距离，而摄影师却深深地刺入现实的肢体。"有网友认为，如果说游戏设计师也有一个可类比的职业的话，那应该就是一个附魂的萨满。"他让玩家的灵魂进入自己的躯体，让玩家借萨满的躯体讲述故事"。通过 Kinect 体感外设等去控制游戏中的虚拟化身来完成游戏中设置的剧情，玩家会有更强的仿真感和沉浸感，因为这完全是玩家自己主动地去完成的叙事剧情。

罗兰·巴特曾提出"作者已死"的观念，集中论述了文本内在有限性的解体和读者地位的提高，使"内容文本"变成了"可写性文本"（可以进一步扩展与改写的文本）。巴特从意义的多重性、空间的开放性和语言活动的无限性等方面为不同读者解读并提供了文本模式。他强调，读者不是通过语言去观看一个先定的世界的，而是通过洞悉语言自身的新本质，并与作者一起参与到创造作品中世界的新意义。也就是说，作者应以文本为桥梁实现与读者的互动。巴特最后说："为使写作有其未来，就必须把写作的神话翻倒过来：读者的诞生应以作者的死亡为代价来换取。"

电子游戏中的叙事方式一个最大的特点就是交互性带来的玩家的主动性。亨利·詹金斯在《昆汀塔伦蒂诺的星球大战——数码电影、媒介融合和参与性文化》中提出了"参与性文化"这一概念。参与性文化所反映的是媒介消费者角色的变化，他们不再是被动的受众，他们本身所具有的主动性和创造性在 Web2.0 时代被极大地凸显了出来，受众不再作为信息的接收器存在。"受众"一词在媒介技术高速发展的时代同时具备了信息生产者和消费者的双重含义，即将"Producer"和"Consumer"合成为"Prosumer"。现在，很多美剧都是在互联网上先通过网民讨论剧情如何继续发展来决定某个主角的命运，而后，制片商再参考网民们的意见来拍摄后续的剧集。电子游戏的互动性叙事比这种模式更加主动。詹金斯提出，虽然人们习惯将"参与"与"互动"这两个词互换使用，但两者的含义却大不相同。"互动"指的是对消费者反馈响应更为积极的新技术手段，那些可以让消费者在叙事剧情里发挥作用的视频游戏便体现了极大的互动性。"参与"则是指玩家通过自己的主动努力来推动游戏叙事剧情的发展，而不是被动地接受叙事剧情。

传播学理论家陈卫星教授指出：控制表现了作用者与被作用者之间的因果关系，确切地说，就是原因对结果的决定作用。诺伯特·维纳认为，所谓反馈就是"一种你用过去的操作来调节未来行为的功能"。在电子游戏中，玩家会面临各种选择，不同的选择会得到不同的反馈。如在游戏《金庸群侠传》中，玩家可以选择走上正派道路，也可以选择走上邪派道路；在《仙剑奇侠传3》中，根据玩家的不同选择会产生五种故事结局等。目前流行的一款沙盒游戏最能体现玩家的这种主动性，在游戏中，玩家可以在一块较大区域中通过自由跑动来完成任务。如目前全球销量极大的一款游戏《侠盗猎车手5》，其游戏区域背景设在洛杉矶，玩家可以通过在城市里驾车跑动触发各条支线任务，由此产生三种不同的结局，从而决定角色的生死。

第二节　新型叙事与传统叙事之异同

人类历史上曾有过三种叙事手段：口授（讲故事）、书面（文学）和影视。如果我们把网络游戏视作第四种叙事手段，就会发现它有着"口头 → 撰写 → 拍摄 → 信息技术"所反映的技术进步所带来的特征和结果。

前文论述了网络游戏是一种新型的叙事方式，那么，新型的叙事与传统的叙事又是一种什么样的关系呢？其实，电子游戏自诞生以来，逐渐和小说、电影等传统叙事方式相融合，从而开创了跨媒介叙事的新可能。乔治·吉尔德是与尼古拉斯·尼葛洛庞帝、马歇尔·麦克卢汉并称的"数字时代三大思想家"之一，他认为电脑叙事将会与电影、电视等相融合。亨利·詹金斯曾引用乔治·吉尔德的话说："计算机业正在与电视业相融合，这和当初汽车与畜力、电视与五分钱电影院、文字处理系统与打字机、计算机辅助设计（CAD）与绘图板等相融合具有同样的意义。"

瓦尔特·本雅明在他的小说《讲故事的人》中论述了故事口授形式的衰微是由于小说的兴起所导致的，这本质上也是由于复制技术所导致的，因为小说的兴起源于机器印刷的发达。复制技术是构成"本雅明美学理论"的重要因素。沿着这个思路我们可以推测，随着技术的进步，看电影的人数会逐渐超过看小说的人数，而玩游戏的人数很可能也会超过看电影的人数。目前，大批年轻人正沉迷于玩电子游戏，从本质上来说就是技术进步所造成的。

参考国外游戏研究者 Adam Rebika 对小说、电影和游戏的比较资料，下文将对口授故事、小说、电影、电子游戏这四种叙事方式做一个简单的对此，从而分析它们在技术、时间、对话、反馈和续集等方面的异同。

（1）技术。早期的口授故事几乎没有任何技术含量，只靠人自身的记忆力口口相传。《春秋公羊传》最初仅通过口授相传，西汉景帝时，传至玄孙公羊寿及齐人胡母生才"著于竹帛"，流传于世。中国古代的造纸术和印刷术使得书面文学得到传承，而在西方，古登堡发明活字印刷术同样是西方历史上的一件大事。《圣经》的大量印刷促使宗教获得极大发展以及推动了后来的文艺复兴。但是文字表达的叙事方式相对来说比较冰冷，不如口语面对面传播来得生动。爱迪生发明了留声机和有声电影才使得叙事变得生动起来。到了电子游戏时代，叙事的生动性和真实感更加强烈，也就使玩家有了一种身临其境的感觉。

（2）时间。口授故事的时间不固定，可能几小时也可能几天。小说则需要读者花费更长的时间，这取决于小说的页数和读者的阅读速度。电影基本上为短时媒介，大多电影的时长为1.5小时，也有些电影的时长为两三个小时。单机游戏玩家一般要花一两周的时间才能通关，但也得根据玩家的时间安排来定，如果玩家全天都在玩肯定会很快通关，若是偶尔玩玩，时间就会拖得较久。总的来说，单机游戏对叙事时间和叙事节奏把握得较好，游戏的叙事性强。而玩网络游戏则比玩单机游戏花费的时间多得多，如很多《魔兽世界》的玩家从2004年"开服"玩到现在已有十多年。然而，按照亚里士多德的观点，一个好的叙事要有开头和结尾。运营商为了赚钱会把游戏一直做下去，因此游戏的故事一般没有结局。但是这样一来，游戏的叙事性就被削弱了。

（3）对话。口授故事有角色人物之间的对话，还有人物角色语气上的模仿。小说则记录下所有事物，包括每句对话和每种对话语气的描述。在小说中，读者只能通过文本来想象人物的态度、情感等。早期的无声电影没有对话，如卓别林、阮玲玉等人所演的很多电影只能靠演员的精湛演技来传达感情。进入有声电影时代，对话成为电影叙事剧情中非常重要的元素。在单机 RPG 游戏中，玩家角色一般会有大量的对话，这些对话可起到塑造人物角色性格、推动剧情发展的作用。随着科技发展，大多数游戏都会把文字对白加上配音效果，这样一来，就会使得玩家拥有更强的代入感。而在网络游戏中，对话相对来说较少，从而也削弱了其故事的叙事性。

（4）反馈。在口授故事时，讲故事的人和听众有着较好的互动和反馈。到了文字叙事时代，这种反馈消失了。本雅明曾说：在最古老的口头讲故事的模式中，语气、表情、提问等都可以用来控制叙事的速度。小说和口授故事差异巨大：口头讲故事时，听众在当下，而小说的读者出现在未来；在小说的叙事模式中，叙事者和受众面对面的关系被消除了。可见，面对面的反馈是口授故事和小说的一个主要区别。在影视作品的叙事中几乎没有观众反馈，电影也不会因为观众的反馈改变剧情。而在电子游戏中，玩家可能通过不同方式的操作来编造出不同的剧情，例如玩家操作失误，就可能会停在一个关卡从而导致剧情无法向前推进。可见，游戏的互动叙事性显著增强了。

（5）续集。电影要拍续集受到很多限制，如需要聘请相同演员、续集的情节要与前面几部紧密联系等。如《哈利·波特》，当主演年龄变大，电影就只能停拍。《黑客帝国》《指环王》《加勒比海盗》等电影续集最多也就三部。迄今为止，电影史上续集最多的作品可能要算《007》系列，因为这部电影的主演不断在更换。口授故事、书籍和游戏在续作方面比较不会受限，因为它们并不要求坚持塑造相同的角色，这也是为何这些媒介会出现大量续作的原因。口授故事续集最多的要算《一千零一夜》，讲了一千多天才讲完。出游戏续集比电影要容易得多，如《三国志11》《最终幻想14》《古墓丽影9》《仙剑奇侠传5》《轩辕剑6》等。

如今，口授故事、小说、电影、电子游戏等已实现跨媒介叙事，那它们有哪些异同呢？笔者进行了深入的比较，对比如下。

表2-2-1　口授故事、小说、电影、电子游戏之异同

	口授故事	小说	电影	电子游戏
技术	无技术，但相对亲切	印刷技术，文字较冰冷	爱迪生发明有声电影，叙事生动	计算机图形学技术带来身临其境的真实感
时间	不定	长，数周	短，2小时左右	单机游戏花费的时间要数周，网络游戏花的时间可达数年
对话	声音、表情	文本	声音、字幕	文本或声音
反馈	讲者和听者有互动和反馈	读者被动，反馈少	观众较被动，反馈少	玩家较主动，与游戏之间有互动和反馈
续集	容易出续集	容易出续集	不容易有续集	容易出长续集

第三节　未来叙事大趋势：跨媒介叙事

1. 跨媒介叙事思想

作为游戏叙事学派的代表人物之一，亨利·詹金斯更强调小说、电影、游戏等媒介之间的跨媒介叙事，他认为这将是未来媒介发展的一个主要趋势。跨媒体讲故事代表一个过程，就像一部小说的有机组成部分系统地分散在多个渠道中，并达到统一、协调的娱乐体验的目的。在理想的情况下，每个媒体对故事的展开都有着独特的贡献。詹金斯提出了"跨媒介叙事"这一新颖的内容创意理念，并为此总结了有关跨媒介叙事的十个要点。

（1）跨媒介叙事代表一个过程，整个故事系统地分散在多个渠道，以此来建立统一、协调的娱乐体验。在理想的情况下，每个媒体对故事的展开都有着独特的贡献。例如，在《黑客帝国》中，故事信息通过三部电影、系列动画短片、两部合集的漫画书和系列视频游戏来传达，人们是很难通过单一的媒介来获得《黑客帝国》的所有信息的。

（2）跨媒介叙事反映了媒体整合经济学中的"协同效应"这一特点。现代很多媒体公司都倾向于横向整合，它们在不同的媒体产业中都持有权益。一个媒体集团有动机来传播自己的品牌，或跨越许多不同的媒体平台扩大专营权。举个例子，《蝙蝠起源》和《超人归来》这两部电影提前发布了漫画书（由华纳兄弟公司持有版权），观影前了解这些漫画事前提供的背景故事能增强电影观众的体验，同时漫画书还帮助宣传了即将发布的这两部电影（从而模糊了广告营销与娱乐之间的界限）。娱乐行业目前的结构配置使得跨媒体扩张有着巨大的经济动力，那些最有天赋的跨媒体艺术家面对市场的压力，往往会创造出更广阔、更让人身临其境的故事。

（3）在大多数情况下，跨媒介叙事并不基于单个人物或具体剧情，而是基于复杂的虚构世界，可维持多个相互关联的人物和人物之间的故事。在故事世界建构的过程中，读者和作家的"百科全书式"的冲动会受到激发。跨媒介叙事总是超出了人们的掌握，这与经典的封闭式叙事所带来的乐趣有着很大的不同。在经典叙事中，读者读完后会完完全全了解整个故事，而跨媒介叙事并不是这样的。

（4）跨媒介叙事可以提供各种不同的功能。例如，在《神秘博士》近十年没有推出新剧集的前提下，英国广播公司（BBC）利用电台广播剧一直保持着观众对电视剧的兴趣。另外，扩展故事还可以充实虚构世界的某些方面内容，如网页版《星球日报》每星期出版美国 DC 漫画公司的"五十二个超级英雄系列"中发生的"事件报告"，就弥合了一系列所描述的事件之间的空隙。还有《克隆人战争》动画弥合了《星球大战2》和《星球大战3》之间的空白时间。最后，这种扩展还可以在更大意义上增强故事整体的真实感。

（5）跨媒介叙事可通过创建不同的媒介入口来吸引不同的受众群体，从而扩大潜在市场。举例来说，关于蜘蛛侠的漫画书不仅被认为对女性读者特别具有吸引力，还极受儿童读者的欢迎（如蜘蛛侠卡通图画书）。利用同样的策略，同样能吸引老年读者进入新的媒体平台，如《绝望的主妇》这款游戏就因电视剧吸引了年龄较大的女性消费者。

（6）在理想情况下，每个情节就其本身而言必须是人们可以单独理解的，即使它对整个叙事系统有着独特的贡献。游戏设计师尼尔·扬创造了一个词——"添加性理解"，具体是指为每一个新的文本增加一个新的资料片，使人们对整个系列故事加以重新理解。例如，没有看过《钢铁侠》和《绿巨人》的观众如果直接去看《复仇者联盟》，可能会看不懂影片中的某些剧情。

（7）跨媒介叙事需要在不同的媒体领域高度协调。迄今为止，这种叙事方式所鼓励的是同一创作者在所有参与的媒体中塑造故事，或同一公司的不同部门之间达成紧密合作。事实上，大多数媒体特许经营权不是通过合作（包括从一开始就构思跨媒体条款），而是通过授权来完成的（其中的某一个故事起源于一个媒体，而其他的媒体仍然隶属于原来的主文本）。

（8）跨媒介叙事是集体智慧时代理想的美学形式。加拿大渥太华大学传播系教授皮埃尔·列维创造了这个词——"集体智慧"，是指新的社会结构可以在其内部网络社会中进行知识的生产和流通。参与者合伙采集信息并挖掘每个人的专长，一起来解决问题。列维认为，当艺术进入一种用文化吸引集体智慧的时代，便会形成新的知识社区。跨媒体叙事也可成为文本的"激活者"并设置运作系统来评估和存档信息。它让人们知道某个虚构的世界中一些分散的信息，却没有一个人知道所有的故事和所有的信息，这就促使人们必须与他人进行讨论才能获知全局。

（9）跨媒体的文字不只是分散的信息。它提供了人们可以假设的各个角色和目标，人们可以根据自己的日常生活体验来扮演故事里的这些角色。角色扮演游戏是玩家沉浸于虚拟世界故事里的一种释放。

（10）跨媒体文本的百科全书式野心，往往导致在故事展开过程中出现间隙或空缺，即他们不能完全告诉读者潜在的剧情，只可显示额外足够的细节。这样一来，读者就会激起继续追看剧情的欲望。读者往往会通过自己的猜测，直到编出故事人物完整的生命为止。"填补空白"已经成为商业化的新方向。

自电子游戏诞生以来，出现了大量的小说、电影和游戏之间的相互改编，如《天龙八部》《神雕侠侣》等中国武侠小说就多次被改编成游戏。在西方国家，类似的跨媒介叙事也屡见不鲜。亨利·詹金斯在《寻找独角兽折纸：黑客帝国与跨媒介叙事》中大量引用了美国艺电公司（美国游戏产业巨头）的高管丹尼·比尔森和尼尔·扬的观点。比尔森曾在电影、电视、游戏等多个领域工作过，他曾推出过一部改编自《007》电影的游戏——《黄金眼：黑帮情报员》。比尔森之所以要开发游戏，不只是想把好莱坞品牌引入一个新的媒体空间，还要促成一个更大的叙事体系的形成。为了达到这一目的，他认为，从一开始故事就要按照跨媒体的要求来设计，"最理想的是，这一原创团队中的电影剧作家和导演同时也是游戏玩家。对于任何一种艺术形式来说，要想驾驭好它的前提是必须热爱它。实际上，要想在某种艺术领域有所成就，你就得沉迷于它。只有依靠这些熟谙多种媒体平台的人才，才能筑起多平台娱乐形式。""电影和游戏被放在一起构思设计，游戏深化和扩展了电影故事情节，而不是简单地重复使用电影素材。游戏也应该在使电影体验更为引人入胜等方面有所贡献。"

另外，之所以出现大量的电影、动画和网络游戏之间的相互改编，商业力量的推动起了很大的作用。在谈论《黑客帝国》这部电影的动画和游戏改编时，有人评价说："即使游戏和动画短片等作品达到了原创电影所设定的高标准，它们还是会让人们感觉不舒服，大家会认为华纳兄弟公司是在尽可能地利用《黑客帝国》的影迷赚钱。"还有人把这种现象看作是"精明的营销"，而不是"精明的叙事"。科技的发展使得特效电影和游戏的画面制作得越来越仿真，科技和经济的双重力量促使跨媒介叙事成为当今数字娱乐产业的主流。

从各种票房数据来看，跨媒体叙事确实将会是未来媒介发展的一个大趋势。例如，史上电影票房排行榜的前几名——《阿凡达》《指环王》《哈利·波特》《加勒比海盗》等都被改编成了游戏，而《古墓丽影》《生化危机》《波斯王子》等游戏后来也被改编成了电影。大量的单机游戏都被改编成了电影或电视剧，只有少量网络游戏被改编成电影。另外，如美国军事小说家汤姆·克兰西等著名作家的一些小说都被改编成热门游戏。当然，像《指环王》《哈利·波特》这些被改编为游戏的热门小说就更多了。

第三章

大变局下中国
网络游戏的崛起

随着经济的迅速崛起，中国 GDP 排名世界第二，世界迎来了百年未有之大变局。过去，发达国家才是游戏强国，如今，中国网络游戏市场规模超越美国和日本，成为世界第一。中国网络游戏全面出海，在世界上的影响日益显著，并且取得了比电影出海和电视剧出海更为巨大的成功。本章主要以全球游戏市场的宏观视角，将美国和中国的游戏产业进行比较，为中国游戏产业发展提供切实的建议和对策。

第一节　美国游戏产业

美国战略学家布热津斯基 1969 年在《两代人之间的美国》中指出：在很大程度上，美国强大的基础是它对世界传播市场的支配，世界上 80% 流通的文字和影像都源于美国。他从中总结出深刻的政治教训：今后，我们应该通过"网络外交"的方式来实现"炮舰外交"和"实力外交"所不能达到的目的。有学者称，苏联冷战的失败不是输给了飞机大炮，而是输给了好莱坞大片。美国曾靠薯片、芯片、影片这"三片"统治全球。而电子游戏是芯片与影片的结合，在未来将发挥重大作用。

一、美国主要的游戏公司

电子游戏诞生于 20 世纪 60 年代的美国。美国目前主流的游戏主机是微软 Xbox360，软件生产商主要有动视暴雪（Activision-Blizzard）和美国艺电（Electronic Arts，简称 EA）等。

1. 微软游戏工作室

微软游戏工作室（Microsoft Game Studios，以下简称"微软"）原名 Microsoft Game Division，2002年更名，是微软的全资子公司，基于 Windows 的个人电脑与 Xbox 系列游戏机开发与发行游戏。其主要游戏产品有《帝国时代》《光环》等。因为 Xbox 系列主机不在中国大陆销售，所以中国大陆玩家对微软游戏并不是很熟悉。

2. 动视暴雪

动视暴雪由动视（Activision）和暴雪（Blizzard）两家公司合并而成。

1979年，动视由吉姆·莱维和雅达利公司的创立者大卫·克雷恩等人共同创立。动视最著名的游戏是《使命召唤》系列。2009年11月，动视旗下《使命召唤：现代战争2》以450万台的预售数量、4亿美元的首日销售额打破史上首日销售额最高的一款游戏的吉尼斯世界纪录。

暴雪曾经推出过多款经典游戏，如《魔兽世界》《暗黑破坏神》《魔兽争霸》《星际争霸》等系列，其中，《魔兽争霸3》和《星际争霸》被国际多项电子竞技比赛列为主要比赛项目，《暗黑破坏神》和《魔兽世界》成为很多玩家青少年时期最重要的陪伴。现在流行的《英雄联盟》和《王者荣耀》也是从《魔兽争霸》的 Dota 地图中演变而来的。总之，暴雪在中国极具影响力。

2022年1月18日，微软宣布史上最大的一次收购事件：花费687亿美元买下游戏巨头动视暴雪。随着该交易的完成，微软正式成为全球第三大游戏公司，仅次于中国的腾讯和日本索尼公司。微软 CEO 萨蒂亚·纳德拉在接受外媒的专访时称，这一交易将为"元宇宙"业务提供基石，成为未来在线互动的核心，Xbox 游戏平台也将加入"元宇宙"业务，此次收购将成为微软构建"元宇宙"的重要基础。纳德拉自 2014 年 2 月担任微软 CEO 以来，在推进企业利用计算基础设施提供云服务方面做出了突出贡献。2022 年 2 月，纳德拉和马斯克、张宏江等人一起当选美国国家工程院院士。

3. 美国艺电

美国艺电是全球著名的一家互动娱乐软件公司，主要经营包括各种电子游戏的开发、出版及销售等业务。美国艺电创建于 1982 年，总部位于美国加利福尼亚州红木城，是老牌的游戏公司，其旗下的《红色警戒》《极品飞车》《模拟人生》等游戏在中国广为人知。

4. 维尔福

维尔福（Valve Corporation）1996 年成立于华盛顿州西雅图市，是一家专门从事电子游戏开发的公司，其代表产品有《半条命》《反恐精英》《求生之路》《军团要塞》等。

当年的网吧里到处可见《反恐精英》(Counter-Strike，简称 CS) 的玩家。如今，《绝地求生：刺激战场》更名为《和平精英》，主要也是受到了《反恐精英》的影响。

5. Take Two

制作了《侠盗猎车手》《荒野大镖客》系列的 Take Two 公司在游戏业界可谓是大名鼎鼎。截至 2021 年底，《侠盗猎车手 5》全球累计销量突破 1.5 亿套，并推动该游戏全系列累计销量突破 3.5 亿套，仅次于《我的世界》2亿套的销量，成为游戏史上销量第二的一款游戏。但是，因为这些游戏需要有游戏主机才能玩，所以在中国大陆的玩家和销量较少。随着《原神》这款游戏取得巨大成功，Take Two 计划把《侠盗猎车手》系列在线化，并"移植"到手机和 iPad 上玩。此举预计会给业界带来巨大冲击，毕竟 Take Two 才是老牌开放世界性游戏的鼻祖。

此外，美国还有很多著名的游戏公司，例如制作《英雄联盟》的拳头游戏公司（已被腾讯收购），制作《战争机器》《堡垒之夜》的 Epic Games 公司（已属腾讯联营公司）等，在此不再一一展开介绍。

二、美国游戏的主要特点

1. 拥有高超视觉特效的游戏画面

Xbox 系列主机具有超强的图像处理能力。在这些游戏主机上，销量较高的是《使命召唤》《侠盗猎车手》《光晕》《战争机器》等。这些游戏的共同点是采用先进的 3D 技术模拟近似真实的场景。2008 年制作的《侠盗猎车手4》故事背景在纽约，通过电脑技术制作出来的虚拟纽约和真实的纽约几乎一样，主要的大楼和街道都是按真实的场景复制。《侠盗猎车手4》采用了 Euphoria 引擎，该引擎创造出的 3D 人物拥有接近真实的骨骼、肌肉，且能够遵循人体工学、生物力学原理，产生极为逼真的动作，并对环境做出即时反应。目前，国外电子游戏之间的竞争几乎成了 3D 效果的比拼，引擎技术更新换代得也很快。史上销量极好的游戏《侠盗猎车手5》的视觉特效更加逼真，其故事发生在虚拟的洛杉矶城，游戏画面与真实场景已经难分真假。按照现今技术进步的这种速度，相信用不了多久，类似《黑客帝国》这部电影中的虚拟世界很快也会被制造出来。

2. 意识形态色彩浓厚

类似一些好莱坞大片，美国游戏中有着大量与政治意识形态相"挂钩"的内容。20世纪90年代，美国著名游戏《红色警戒》就把资本主义国家和社会主义国家设置成两大对立阵营进行对战。近年来，美国开展了反恐战争，美国的一些游戏也反映出了与之相关的政治观点，为美国的国家利益服务。

语言学家索绪尔曾提出一个非常有意思的问题：在语言中，尽管说话的人不同，在表达方式、遣词造句等方面也各不相同，为什么人们彼此之间还是可以相互理解？对此，索绪尔提出一个具有语言学革命性意义的观点：思想在被赋予言语形式以前不能存在，言语是一种与思想相对应的且有区别的符号体系，而思考就是通过一种符号手段来说话、写作或依次连接而被陈述的内容。于是，索绪尔把语言符号（signe）分为"能指"（signifiant）和"所指"（signifie）两个部分。"能指"是由有声形象构成的，在口语里，它指的是说出来的或听得到的有意义的声音，具有一种物质实体——声音的存在和声波的运动，即这些语言要素指向的意义，这种意义一般都是比较固定和约定俗成的。"所指"则属于一个精神或心理的范畴，是指一个事物的思想构成了语言的思维方面内容，即用来表达意思的字、词、句。索绪尔的"能指"和"所指"最初只用于语音符号，后来罗兰·巴特等人将其延伸到绘画、音乐和戏剧等领域。

美国游戏里充满了"能指"和"所指"。在《红色警戒》里，美国大兵和苏联大兵在角色造型上有着明显的区别：美国大兵健康、强壮，而苏联大兵略显病态、肮脏；美国的最终武器是一种天气控制器，可以靠闪电来杀死大量敌人，而苏联的最终武器是污染严重的核武器；资本主义国家阵营有美国、英国、德国、日本、韩国等，其特色武器为"坦克杀手""黑鹰战机"等高科技武器，而苏联阵营有苏联、古巴、伊拉克、利比亚等，其特色武器多为一些破坏力大的武器，如"自爆卡车""恐怖分子""辐射工兵"等。在美国游戏中，通过这些"能指"符号表现出来的"所指"意义是资本主义国家的正面形象和社会主义国家的负面形象。

罗兰·巴特在《神话：大众文化诠释》中指出，神话不是我们平常意义上所理解的神话，而是现代大众文化所创造的神话。在巴特看来，"神话是一种言谈""神话是一种传播的体系，它是一种讯息""每件事情都可以是神话，因为宇宙的启示是无限丰沛的""这种言谈是一个讯息，因此绝不限于口头发言。它可以包含写作或者描绘；不只是写出来的论文，还有照片、电影、报告、运动、表演和宣传，这些都可以作为神话言谈的支援"……具体来说，在巴特看来，神话就是资产阶级为掩盖自己的意识形态而制造出来的一种假象，以至"myth"这个英文单词经常有"误解"和"假象"的含义。

西方著名哲学家让·波德里亚认为："以前被称作虚构、幻象的东西，今天恰恰是人的构造、人的预设的蓝本。当大众传媒在模拟日常生活的时候，人们的日常生活也越来越接近大众传媒的提示，整个社会通过模拟机制逐步走向绝对控制。"美国的游戏总是把美军设计成正义的一方，若长期玩这些游戏，我国青少年必定会受到误导。

3. 过于血腥、暴力

美国畅销的游戏很多都是射击类游戏和动作冒险游戏（ACG），玩家在游戏中可以随意射杀敌人，画面非常血腥且令人不忍直视。笔者在谈论美国游戏时多次举例《使命召唤》《侠盗猎车手》这两款游戏，因为这是目前美国销量最好、最具代表性的游戏，但其画面血腥、暴力，负面色彩极其浓烈。

好莱坞很久以前就宣布它成功的秘诀是"A Girl and a Gun"，意思是"一个姑娘和一把枪"。用法国戏剧理论家昂托南阿尔托的话说——"任何真正的自由都是黑色的"。是的，任何真正的自由都通向关于本能和禁忌的反叛的部分、阴暗区域。黑格尔深刻地指出："自由，这就是犯罪。"近年来，美国很多校园枪击案的发生都被指与美国游戏过度血腥、暴力有关。

第二节　中国网络游戏的发展态势

如今，中国网络游戏的发展已在一定程度上超过了美国。中国拥有世界上最大的游戏市场和世界上市值最大的游戏公司，还屡次在电竞比赛中获得世界冠军。中国网络游戏的崛起，对于增强中国年轻人的"四个自信"具有重大意义，对于提高中国在世界上的软实力也大有裨益。

在当今信息时代，网络游戏市场每年创造出数百亿美元的价值，其市场规模在各国国民经济中所占比重逐年攀升。另外，网络游戏还是绿色低碳经济，在转变经济发展方式的进程中将会越来越重要。除了在经济领域发挥积极作用，网络游戏产业作为文化产业的重要组成部分还有助于构建国家文化软实力，进而提升国家的文化影响力。这些，都是近年来各国纷纷把发展网络游戏产业提升到国家发展战略高度的一个重要原因。我国要建立现代化传播体系，的确不能缺少网络游戏这一环节。我们现在常讲"中国梦"，在笔者看来，"中国梦"的体现之一就是中国应该成为游戏强国。未来，我们要让美国、日本、欧洲等发达国家的玩家都喜欢玩中国研制的游戏。

在百年未有之大变局下，随着经济的高速增长，中国已超过美国成为世界第一游戏产业强国。根据笔者于2011年发表的论文《美国、日本和中国三国电子游戏比较研究》所述，2011年，中国游戏市场年产值仅为446亿元，当时中国最流行的《穿越火线》《地下城与勇士》《魔兽世界》等都还是韩国、美国所制作的游戏。根据中国音协游戏出版工作委员会所提供的数据显示，2014年中国游戏全年全行业产值达1144.8亿元人民币（约合184.2亿美元），就已超过了美国市场。2019年中国游戏市场年产值达3100亿元人民币，国产游戏如《王者荣耀》《阴阳师》《万国觉醒》等纷纷崛起，中国游戏在国内和全球的影响力日益明显。根据《2019中国游戏产业年度报告》显示，2019年全球移动游戏市场规模位列前十名的国家依次是中国、美国、日本、韩国、英国、印度、德国、印度尼西亚、加拿大、澳大利亚。其中，中国移动游戏市场排名第一，规模约占全球市场的30%。中国目前是全球使用Unreal4引擎研发手机游戏最多的国家，中国的游戏科技处于世界领先地位。

中国网络游戏的崛起，使得世界游戏产业格局发生了根本性的变化。亚太地区成了全球玩家最多的地区，也成了全球最大的游戏市场。根据Newzoo发布的《2020年全球游戏市场报告》显示，2020年底，全球已有玩家27亿人，比2019年增加1.35亿人；其中，亚太地区就拥有14亿玩家，占全球玩家的一半以上（52%）；全球游戏市场规模达1593亿美元（约1.08万亿元人民币），同比增长9.3%。全球游戏玩家数量持续高速增长，预估到2023年底将超过30亿人。

下文将重点介绍中国网络游戏发展的三个特点。

1. 以手机游戏为主

中国游戏产业近年来飞速发展，从2001年3亿元人民币的市场规模增长到2009年的271亿元人民币。2021年，中国游戏市场实际销售收入达2965.13亿元人民币，在20年内增长了近1000倍。中国游戏产业已经超过美国和日本，中国成为世界第一游戏强国。

中国几乎没有什么主机游戏。2000年5月，《光明日报》记者夏斐发文《电子海洛因荼毒青少年，学子应远离电脑游戏》称，自己经暗访之后发现电子游戏对青少年损害极大——"整天在游戏室里的孩子只有一个结果：男孩子最后变成抢劫犯、小偷，女孩子最后变成三陪小姐"。该文章发表后一个月，当时的国务院办公厅便发布《关于开展电子游戏经营场所专项治理的意见》，也就是所谓的主机游戏禁令。一夜之间，国内的电子游戏厅几乎绝迹，国家对游戏的审核和管理越发严格，加上盗版游戏的泛滥，国产主机游戏渐渐绝迹。

与欧美和日本的游戏市场以主机游戏为主的特点有所不同，中国的游戏市场以网络游戏为主，尤其是以手机游戏为主。由于政策及盗版等原因，中国单机游戏发展极其缓慢，又因为美国、日本这些老牌游戏强国的主机游戏已经极度发达，所以中国和韩国这些后发达国家只能另辟蹊径去发展网络游戏。目前，腾讯、网易等公司主要是靠网络游戏盈利。当然，关于"为什么美国游戏以主机游戏为主而中国游戏却以网络游戏为主"这个问题，有学者指出，可能是因为美国崇尚个人主义和自由主义，而中国崇尚的是儒家所倡导的集体主义。中国人格外喜欢玩网络游戏可能与中国社会传统哲学向来重视人际关系有关。梁漱溟先生说：中国人把文化的重点放在人伦关系上，解决人与人之间怎样相处的问题。冯友兰先生说：基督教文化看重的是天，讲的是"天学"；佛教文化看重人死后的事，如地狱、轮回等，讲的是"鬼学"；中国文化讲的是"人学"，注重的是人。杜威也曾说："中国一向多理会人事，西洋一向多理会自然。""独乐乐不如众乐乐"，可见，中国人喜欢网络游戏有着人文环境影响等方面的原因。

因为历史等多方面的原因，以至中国大多网络游戏都是"免费游戏"——穷人可以一分钱不花地玩，富人也可以花一大笔钱通过买道具等增值服务来提高自己在游戏中虚拟角色的能力，从而获得优越感。为什么中国游戏产业可以获得如此惊人的发展与收入，主要是由于中国人口基数大，有很多"土豪人民币玩家"在游戏中动辄花费数万元去购买虚拟装备。据统计，《王者荣耀》有3亿多的游戏玩家，如果每年每人消费100元人民币，每年就会有300多亿元人民币的收入。

众所周知，手机游戏行业是中国游戏产业的主流，而主机、PC是美国游戏产业的主流。2021年，手机游戏市场继续高歌猛进，而PC游戏勉强维持生存，主机游戏销量更是大幅下滑，手机游戏已经占据整个世界游戏行业的半壁江山。凭借这种市场发展趋势，中国游戏公司在全球游戏行业的话语权已快速提升。如今，中国不仅是世界最大的游戏市场，也是游戏行业最强的内容输出国。

手机游戏，简称"手游"，是指以移动互联网作为传输媒介，以游戏运营商服务器和用户手持设备作为终端处理器，以游戏移动客户端软件为信息交互窗口，旨在实现娱乐、休闲、交流和取得虚

拟成就并具有可持续性的个体性多人在线游戏。顾名思义，因为这
类游戏可以在手机等可接入网络的移动设备上进行，故被称为"手
机游戏"。

从手机游戏发展的历史来看，早期的《贪吃蛇》《愤怒的小鸟》
等都属于手机游戏。但早期手机游戏的系统平台基本上是 Linux、
Symbian，现在手机游戏已能够通过 IOS、Android、Windows
mobile 等系统进行体验。早期的手机游戏只能通过手机本身的物理
键盘加以操作，而现在的手机游戏不仅能通过键盘操作，还能通过
触摸屏幕、屏幕感应以及重力感应等方式进行操作。

手机游戏是网络游戏中的一种游戏方式或游戏模式，因操作更
加便捷，自然对手机本身硬件设备的要求更高，游戏玩家对游戏体
验的要求也更高。

近年来，整个手机游戏行业都处于一个暴涨式的发展状态。越
来越多的游戏研发与发行公司及各大海外的游戏渠道供应商纷纷进
驻到手机游戏研发的领域，使得这个行业看起来充满了无限的潜
力。然而，在技术与经济迅猛发展的背后，这个领域同样充斥着
各种各样的淘汰制度，其残酷程度要远远超过网页游戏和客户端
游戏。

纵观网络游戏的发展历程，客户端游戏从萌芽时期发展至黄金
时代花了近十年的时间，网页游戏的兴起与发展则用了三到五年的
时间，但手机游戏从面世到迅猛发展仅仅用了两年的时间。手机游
戏的发展改变了人们原有的生活习惯，这是互联网及手机游戏在发
展过程中所带来的最重要的影响。

主机游戏和 PC 游戏因硬件的限制，玩家不能在厕所、地铁等
地方玩，而手机游戏很好地解决了这些问题。另外，手机游戏的道
具制收费模式让客户可以很好地进行价格分层。买断制 3A 主机游

戏明显存在门槛过高、付费上限过低的问题：土豪玩家没有发挥的空间，非付费玩家买不起游戏主机。笔者认为，中国手机游戏的胜利其实是照顾了大多数收入不高的人群。美国和日本的游戏主机动辄须消费数千元人民币，东盟、南美、非洲的玩家根本玩不起，而中国的手机游戏只要你有一台手机就能玩了。

2. 热衷于影视剧改编

在亨利·詹金斯看来，人类的文化生产向来是一个集体合作和阐发的过程。民间故事、传说、神话和民谣都是在较长的时间里，由民众不断添加内容所逐渐形成的。工业革命导致了文化的私有化和知识产权观念的出现，这些观念假设文化价值源自单个作者的原创性贡献，但在实践中，任何文化的创新行为其实都是以前人的贡献为基础的。

网络游戏是一种集合了文学、绘画和音乐的多媒体艺术形式，用游戏叙事的观点来看，网络游戏是电影、戏剧、小说等传统媒介的一种延伸。很多网络游戏都改编自武侠、神魔和网络玄幻等小说，传统文化在新媒体时代的网络游戏中得以繁荣发展。鲁迅在《中国小说史略》中首次提出"神魔小说"的概念，他说："且历来三教之争，都无解决，互相容受，乃曰'同源'，所谓义利邪正善恶是非真妄诸端，皆混而又析之，统于二元，虽无专名，谓之神魔，盖可赅括矣。"后来，在《中国小说的历史的变迁》中，鲁迅又进一步指出："当时的思想是极模糊的。在小说中所写的邪正，并非儒和佛，或道和佛，或儒释道和白莲教，单不过是含糊的彼此之争，我就总结起来给他们一个名目，叫神魔小说。"描述"怪力乱神"的小说在封建社会受到统治阶级的极力排斥，在市井中却广为流传。发展到今天，这些小说就成了《梦幻诛仙》《凡人修仙传》

等修仙类网络玄幻小说，也为一些仙侠类游戏提供了故事剧情。

中国的单机游戏虽然在盈利方面表现不佳，但是在文化上的影响力却不容小觑。大多数游戏根本没什么剧情，单机游戏却是一种新型的叙事，因此才容易被用来改编成影视作品。国外被改编成电影的《古墓丽影》《生化危机》等都是单机游戏，而中国最著名的单机游戏"三剑"——《仙剑奇侠传》《轩辕剑》和《古剑奇谭》也都被改编成了电视剧。这些单机游戏大多一开始产自台湾地区，后来其各种衍生品才在大陆流行。从施拉姆和勒纳等人的发展传播学来看，游戏的流行，就是一个从美国到日本，再到中国香港、台湾地区，最后到中国大陆的创新式扩散过程。

《仙剑奇侠传》是中国最出名的单机游戏，也可以说是中国最成功的一款单机游戏。《仙剑奇侠传1》和《仙剑奇侠传3》均被改编成电视剧后在各大卫视热播，收视率一度超过10%，成为收视率冠军。另外，《古剑奇谭：琴心剑魄今何在》于2010年7月发行。作为国内首部全程配音的单机游戏，其发售初期便受到媒体与玩家的广泛赞誉。该游戏于2013年被改编为同名电视剧，2014年《古剑奇谭》在湖南卫视一经播出，又创造了新的收视奇迹。这些都验证了跨媒介叙事是一种非常成功的叙事方式。

3.具有传播中国文化的思想元素

中国游戏大多是仙侠类题材，具有明显的道教色彩。游戏《轩辕剑》的故事核心是轩辕黄帝留下的一把宝剑。轩辕黄帝是道家的一个代表人物，古代常用"黄老"来指代道家。在《轩辕剑》中，还有女娲石、伏羲琴及各种怪物等道教元素。除了《轩辕剑》，在《天龙八部》《剑侠情缘（网络版）》《大话西游》《九阴真经》《神仙道》和《凡人修仙》等这些网络游戏中，也具有众多道教元素。

道教是中国本土的宗教，起源于远古时代，发展于汉魏两晋，兴盛于唐宋和明朝。从秦汉时期起，就有秦始皇和汉武帝寻找不死药的记载。鲁迅说道教是中国的根底。薛力教授也曾说，中国人信仰的顺序其实不是"儒、释、道"，而是"道、儒、释"。与儒家不同，道家热爱自然、追求个人自由的思想与西方所崇尚的自由主义和个人主义可能更加契合。道家的"无为"与华盛顿的"功成身退"、杰斐逊的"少管事的政府是好政府"、亚当·斯密的"看不见的手"等思想都不谋而合。尤其是在乌尔里希·贝克所说的全球"风险社会"的今天，宣传重视自然、环保的道教思想可能有着更大的意义。当今，中国网络游戏大多是仙侠类题材，其中的道家思想元素可借助这种新媒体的形式向全世界传播，对增强中国的文化软实力大有裨益。

第三节　中国网络游戏出海势头强劲

作为近年来发展迅速的新兴产业，中国网络游戏产业不仅对国内经济发展有着巨大的贡献，在国际传播中还发出了自己的声音。2020年，中国游戏市场实际销售收入为2786.87亿元人民币，比2019年增加了478.1亿元人民币，同比增长20.71%。在海外收入上，2020年，中国自主研发游戏海外市场实际销售收入达154.50亿美元，比2019年增加了38.55亿美元。目前，中国游戏产业的总收入为国内占四分之三、国外占四分之一。由于国内游戏市场已趋于饱和，海外市场的收入占比还会逐年增加。

从整个中国手机游戏市场来看，靠人口红利获益的时代已经过去，而提高游戏的口碑品质、内容质量成为现今游戏研发公司所追逐的新目标。随着市场逐渐成熟、以数量为特征的人口红利消失，中国移动互联网由增量市场转为存量市场，移动游戏市场用户规模增速将趋于稳定。

近年来，中国游戏版号难批，牵动着每一位游戏从业者的神经。一个无法否认的事实是，从2021年7月到2022年3月，国内已经长达半年之久再未发放过游戏版号。国内市场趋于饱和、游戏版号难批等诸多原因，导致中国众多游戏厂商纷纷选择了出海策略。

整体而言，2021年的国产游戏出海成绩又迈上了一个新台阶。2021年，共有42款国产手机游戏的海外收入超过1亿美元，在2020年的基础上增加了5款。具体到头部产品，2021年出海收入TOP 30手机游戏的总收入达115亿美元，较2020年的92.4亿美元增长24.5%，是2019年的1.8倍。《原神》取代《和平精英（海外版）》登顶年度收入榜。SLG策略类游戏依旧是出海主力品类，TOP 30收入榜中共有12款该游戏产品。

在2021年手机游戏出海收入TOP 30榜单上，最大的变化无疑是《原神》登顶榜单，其超过2020年收入榜霸主《和平精英（海外版）》，成为出海游戏榜第一名。而在国内最受欢迎的《王者荣耀》，因为植入过多的中国元素，在海外并不火爆。2020年10月，《原神》以单月1.6亿美元的惊人成绩打破了《和平精英（海外版）》在2019年7月创下的9000万美元出海月收入纪录。而到了2021年9月，《原神》在上市1周年之际，移动端海外月收入达2.3亿美元，再次刷新纪录。

2021年，从出海市场来看，游戏出海TOP 3市场仍然为美国、日本、韩国所占据。整体而言，美国、日本、韩国仍是中国游戏厂商出海表现最好的三大市场。其中，美国玩家付费达254亿美元，是中国海外最大的游戏市场。而我国 TOP 30 手机游戏产品全年在美国市场吸金超过36亿美元，较2020年大幅增长53%，一跃超过日本成为中国最大的游戏出海市场。

结合整个游戏产业大趋势来看，游戏出海的马太效应越来越强。伽马数据的报告显示，2021年中国手机游戏出海收入达到160.9亿美元，而 TOP 30 手机游戏的总收入就达到115亿美元，占比超过70%。这也就意味着，TOP 30 以外的出海手机游戏只拿下了剩下不到三成的"蛋糕"，利润基本上都被腾讯、网易、上海米哈游这几大游戏企业所赚取。

谷歌大中华区移动游戏行业总经理周杨指出："2021年上半年，中国游戏在海外用户大盘上超过了81亿美元（500多亿元人民币），年增长超过47%，中国出海游戏在规模、品质和创新上都有了重大的突破，已到达从量变到质变的拐点。"

这两年游戏出海的第一个关键词是"疫情"。从2018年到2021年上半年，无论是移动游戏的下载量还是使用时长，海外游戏用户数量都有了比较大的增长。

根据 App Annie 发布的《2019 IOS & Google Play 全球游戏发行商收入排行》显示，前五名依次是腾讯（中国）、网易（中国）、动视暴雪（美国）、Supercell（芬兰）、Bandai Namco（日本）。除了腾讯和网易这样的巨头，中国游戏公司 FunPlus（第22名）、莉莉丝（第27名）、IGG（第28名）、三七互娱（第30名）也都排名比较靠前，而美国的迪斯尼却排在第32名，日本任天堂公司排在第50名。FunPlus、IGG、莉莉丝等中国公司主要目标是开发国际市场的游戏，它们在国内不是很出名，但在国外市场却制作出了《万国觉醒》《王国纪元》等非常畅销的游戏，这不禁让人感叹：游戏业百年未有之大变局确实已经到来。

目前，我国一些游戏企业与 Facebook、Google play 等许多海外渠道均已建立长期且稳定的合作关系。同时，作为出海的两款全球知名的手机品牌——华为和小米，也在为我国游戏的出海提供游戏预装和游戏推广，从而助力提高了我国游戏在海外游戏市场的占有率。不仅如此，我国的游戏企业也通过入股、收购、合并等方式，聚拢各大游戏公司旗下的玩家用户，例如腾讯、网易、三七互娱等游戏企业在海外的平台均已展开自己的策略布局，强化对用户的深度运营。

随着中美关系的不明朗，中国网络游戏未来进入美国市场不容乐观。而作为最重要的新兴游戏市场，东南亚未来的重要性会更加明显。中国游戏出海面临着很多机遇，也面临着很多挑战。

总之，在百年未有之大变局下，我们现在需要研究的问题已经不是中国网络游戏如何"走出去"，而是中国网络游戏出海后如何在发展市场的同时，更好地传播中国文化，并且在新的游戏科技到来之时保住世界领先的位置。

第四章

东盟国家游戏产业发展现状及中国网络游戏传播策略

2021年，东南亚拥有约6.6亿人口，人口基数大。游戏厂商主要聚焦东南亚地区的六大游戏市场，分别为泰国、新加坡、马来西亚、印度尼西亚、菲律宾和越南。这六个国家被称作"东南亚游戏市场六巨头"。东南亚文化和中国文化较相似，是中国游戏出海的重要目标区域。

在东盟国家，年轻人以玩手机游戏为主，手机游戏远远超过了主机游戏和电脑游戏。据移动应用数据分析公司Sensor Tower发布的数据显示，截至2020年第二季度，泰国仍是东南亚最大的手机游戏市场，其收入占东南亚游戏市场总收入的28%，同比增幅高达52%；新加坡排名第二，其收入占总收入的20%，同比增幅为59%；马来西亚超越印度尼西亚成为第三大手机游戏市场，其收入占总收入的18%；印度尼西亚的收入占总收入的14%，排名第四；菲律宾的收入占总收入的12%，排名第五；越南的收入占总收入的8%，排名第六。

据游戏市场研究机构Newzoo发布的《2020年全球游戏市场报告》显示，2020年底，全球共有27亿玩家，比2019年增加1.35亿人，其中，亚太地区拥有14亿玩家，占全球所有玩家的一半以上（52%）。全球游戏市场规模达1593亿美元，同比增长9.3%；全球游戏玩家数量持续增长，预计到2023年底将超过30亿用户。

根据Newzoo发布的东南亚地区游戏市场报告数据显示，2018年东南亚地区互联网用户日趋上升，2019年东南亚地区游戏市场规模达46亿美元，同比增长22%。

另外,《2020年全球游戏市场报告》还指出,东南亚地区包含着许多成长中的市场,随着时间的推移,它们将持续稳步增长。据Newzoo调查,东南亚地区是全球增长速度最快的移动游戏市场,其惊人的增长速度与东南亚地区快速增长的智能手机用户数量和在线用户数量密不可分。

中国游戏占据了东南亚游戏畅销榜的前几名,远高于美国和日本的游戏。在 Sensor Tower 发布的"2020年东南亚 Q2 游戏收入 Top 10 排行榜"中,分别排位第二、第三的《无尽对决(海外版)》和《和平精英(海外版)》收入均创新高,同比增幅分别为66% 和27%;排位第四的《万国觉醒》和第五的《王者荣耀(海外版)》表现也相当突出。

关于东南亚的游戏产业市场,各种报告中给出的数据均有所不同。按照 Sensor Tower 发布的排名顺序依次是泰国、新加坡、马来西亚、印度尼西亚、菲律宾、越南;按照 Newzoo 发布的排名顺序依次是泰国、马来西亚、新加坡、印度尼西亚、越南、菲律宾;另外,很多资料还称越南是东南亚地区最大的游戏强国,因为其自主研发的游戏较多。对东南亚各国游戏产业进行排名确实较难,像印度尼西亚大约有2.7亿人口,游戏市场潜力巨大,但自己却没什么游戏企业;新加坡人口少,但国际游戏企业巨头云集。因此,本章按照新加坡、马来西亚、泰国、越南、印度尼西亚、菲律宾的顺序来分别介绍这六个东盟国家游戏产业的发展现状。

第一节　新加坡游戏产业发展现状及传播策略

一、新加坡游戏产业发展现状

新加坡共和国（Republic of Singapore）又名"狮城"，是位于马来半岛南端的一个东南亚岛国。新加坡的经济发展水平处于发达国家行列，是亚洲重要的金融、服务和航运中心之一，同时也是继纽约、伦敦和香港之后的第四大国际金融中心。人口分布方面，新加坡属于多元种族、多种语言并存的国家，华人占其总人口近四分之三，其余四分之一人口主要为马来西亚人、印度人和欧亚裔。

由于地缘、民族、历史、文化等诸多方面因素的影响，中国与新加坡从古至今便有着千丝万缕的关系。据相关史料记载，中国和新加坡的交往历史已长达上千年。从两汉时期开始，两国便开始了交通、贸易的友好往来。根据《汉书·地理志》记载，由于位于海上贸易的交通要道，新加坡至少从公元前2世纪中期开始，就已经成为东西方海上贸易往来的必经之地。汉代以后，中国曾有使节、商人和高僧经过马来半岛和婆罗洲，往返于中国与印度之间。

19世纪初，新加坡沦为英国的殖民地，中国与新加坡之间仍保持着海上往来。中国与新加坡有直接贸易往来的记录最早可追溯至1821年一艘从厦门驶抵新加坡的中国帆船。抗日战争时期，新加坡华侨成立的筹赈组织为中国的抗日救亡运动做出了积极贡献。第二次世界大战以后，由于国际形势的激烈变化，中新关系虽时有起伏，但还是不断向前发展。冷战时期，中新关系基本可分为两个阶段：1965至1975年，表现为"政经分离"的交往模式；1975至1990年，进入快速发展的阶段。1965至1975年这一时期，新加坡对华外交政策采取政治与经济相互分离的基本原则。由于当时冷战的存在，以及新加坡刚刚独立的特殊国情和周边环境，新加坡虽然承认新中国，却不与中国建立外交关系，双方在政治上很少接触。但在经济方面，新加坡曾积极主动地推行发展对华贸易的政策。从1975年起，中新关系进入快速发展的阶段：在政治方面，双方高层往来频繁，新加坡开始发展对华实质性关系；在经济方面，两国经贸关系开始快速发展，经贸合作加强。冷战结束后，世界形势的变化促使两国的经贸往来和外交合作进一步加强。双方一致同意采取以互惠互利、共同发展及维护世界与地区和平为发展两国双边关系的指导原则，中新关系由此进入全面、快速发展时期。1990年10月3日，新加坡与中国正式建立外交关系。中新建交后，两国文化交流呈现多层次、多渠道、全方位的平稳发展态势。

新加坡与中国的往来关系增强了中国在东盟地区及亚太地区的影响力。一方面，中国可以抵消新加坡对美国和日本在经济上的过分依赖；另一方面，新加坡可以搭上中国经济发展的快车，增强其自身的经济实力。仅2020年，中新两国的双边贸易额就高达890.9亿美元，这与两国建交初期的贸易额相比增长了31倍之多。不仅如此，中新两国人民血缘相亲、语言相通、风俗相近，使得文化交流与文化合作有着得天独厚的基础条件。在当前中国经济实力大幅跃升与国际地位不断提升的大背景下，多种形式的文化交流已为两国人民之间的友谊之桥的搭建做出了积极的贡献。

据 Sensor Tower 数据显示，以泰国、印度尼西亚、马来西亚、新加坡、菲律宾和越南这六个国家为主的东南亚游戏市场，2020年第一季度的手机游戏下载量飙升至18.2亿次，同比增长45.6%。新加坡位于亚太地区及东南亚地区的核心位置，这就意味着新加坡游戏市场的快速增长会使它成为本地区游戏领域不可替代的"头号玩家"。

作为亚洲领先的游戏市场，新加坡凭借先进的基础设施和官方用语英语等，成为许多媒体和广告公司打开亚洲市场的最佳通道。新加坡的游戏市场具有广阔的发展前景，并辐射东南亚地区广大游戏市场，已吸引来自世界各地的游戏企业入驻，拥有得天独厚的优势。《刺客信条》《纷争之遗》《猫咪斗恶龙》等耳熟能详的游戏都是由新加坡团队主导或参与研发的。

游戏产业的发展离不开一流的数码基础设施。新加坡游戏市场除了有着得天独厚的发展优势，也有着完备的数码基础设施。新加坡的数码基础设施建设在亚洲排名第一，拥有高速的全国光纤宽带和世界上响应最快的4G网络。截至2022年底，新加坡5G网络覆盖了全国一半地区。优异的数码基础设施条件吸引了超过50%的东南亚数据中心落户新加坡。此外，亚马逊AWS、微软Azure、阿里云等众多云服务器也集中于此，为游戏发行团队提供了可靠的数据生态支持。

新加坡的许多公立学校和私立学校都开设有面向游戏开发的数码媒体课程，为许多游戏团队提供了具有竞争力的游戏人才。2008年，迪吉彭理工学院正式在新加坡设立分校，开设电脑游戏与动画设计专业等相关课程，为新加坡游戏产业注入新鲜血液。新加坡本地学校也积极开展人才培养合作。新加坡南洋理工学院与万代南梦宫合作，设立了一个为期三个月的实习项目，帮助优秀学生全方位提高技能；双方更于2019年签署合作备忘录，继续合力探索其他实习及培训项目。此外，早在2009年，新加坡媒体发展管理局就宣布将在未来三年内拨款600万新加坡元用于资助开发24款有助于学习的游戏，并成立一个资源中心，以支持这些领域的发展。资源中心与本地国际机构合作的课程，通过提供开发工具、平台和设施来加快游戏开发工作，以引导游戏的开发和建立。另外，充满活力的合作生态系统和及时、到位的知识产权保护，也是新加坡游戏市场发展的必要条件。这些都为新加坡游戏产业的发展打下了坚实的基础。

世界很多著名的游戏公司在新加坡都设有工作室。育碧娱乐软件公司 Ubisoft 于 1986 年在法国创立，如今它已拥有一系列备受好评的游戏和特许经营权，包括《刺客信条》《孤岛惊魂》等大 IP 游戏。为了培养本地人才，Ubisoft 带来了具有其他国际工作室经验的专家来指导新加坡工作室的人才培养工作。遍布全球的 Ubisoft 工作室和员工，让新加坡本地游戏开发商学习到了丰富的专业知识。每年，Ubisoft 还举办开发者大会，供生产团队分享想法和创新实践。另外，2006 年成立于美国并制作了《英雄联盟》的拳头游戏公司，2020 年也在新加坡设立了工作室，与当地建立了长期合作关系。世界著名游戏引擎公司 Unity 也将自己的区域发展总部设在新加坡，并组建全球 2D 游戏引擎开发团队。

东南亚游戏电商公司冬海集团是一家在东南亚地区极具影响力的游戏公司，被称为"东南亚小腾讯"，其前身是新加坡籍华人李小冬成立于 2009 年的 Garena 公司。Garena 公司于 2013 年获得了腾讯的投资。李小冬借助"电子商务、数字娱乐、数字金融服务"三大业务构建起了一个囊括电商、游戏、金融在内的商业帝国。随着冬海集团股价一路创下新高，这位创始人开始获得媒体的极大关注。2021 年 8 月 31 日，李小冬超越海底捞火锅张勇夫妇和迈瑞医疗李西廷，以 198 亿美元的身家成为新加坡首富。

冬海集团专注于三个领域：游戏、电商、电子支付。它在东南亚市场有着很高的知名度和用户基础，最初主要聚焦 PC 游戏业务。截至2017年6月底，其 PC 游戏的单月用户数量约为4010万人，其中1290万用户平均每天花费2.3小时在玩该公司研发的游戏。随着移动技术的发展，移动端游戏在东南亚地区发展更为蓬勃，冬海集团在与腾讯合作后加速研发了大量手机游戏。2018年11月，冬海集团获得了腾讯5年的 PC 游戏、手机游戏优先发行权，随后完成本地化并先后发布了《传说对决》(《王者荣耀（东南亚版）》)、《极速领域》(《QQ 飞车（东南亚手游版）》)等游戏。

2017年，《绝地求生》带火了大逃杀类游戏后，冬海集团快速开发并发行了在东南亚地区最受欢迎的"吃鸡类游戏"——*Free Fire*，吸引了大量玩家。截至2019年11月底，该游戏在全球已拥有了450万注册用户，在 Google Play Store 被评选为2019年"Best Popular Vote Game"。根据 App Annie 数据显示，*Free Fire* 分别于2019年、2020年连续两年成为全球下载量最高的一款移动游戏。相较于 *PUBG*，*Free Fire* 的优势是实现了更好的优化，因此更加适合东南亚新兴市场里占有率更大的低性能手机。冬海集团还积极运营电竞赛事，2019年11月在巴西里约热内卢举办了第一届 *Free Fire* 国际电竞比赛，超过200万人收看了该赛事直播。

如今，冬海集团已发展成为东南亚最大的游戏制作、发行商之一，与中国腾讯、拳头公司、美国艺电等游戏制作公司合作进行游戏的本地化、发行运营、赛事组织等。

二、中国网络游戏出海新加坡情况

在东南亚地区，新加坡拥有仅次于香港的自由港，经济环境较为宽松。因地理位置上不与中国接壤，减少了许多不必要的纠纷，对于许多想要出海的中国游戏厂商来说，这种浓厚且轻松的商业环境是其扩大海外市场和提高竞争力的有利条件。

连续多年蝉联"国产手游出海收入榜"第一的腾讯也把新加坡作为亚洲业务的桥头堡。2018年，腾讯与冬海集团合作，发布东南亚版腾讯游戏。在冬海集团旗下的 Garena 公司的平台上，腾讯发行的 *PUBG Mobile* 和《王者荣耀（海外版）》等游戏常年居于下载量榜首。2020年初，腾讯宣布在新加坡设立办事处，并发布招募海外游戏高级市场分析师和海外游戏客服管理等多个需要入驻新加坡的新职位。

但是在新加坡，腾讯的《王者荣耀》却被同样来自中国的上海沐瞳科技有限公司所研发的游戏《无尽对决》打败。上海沐瞳科技成立于2014年，由徐振华和袁菁联合创建。该公司立足于全球化游戏研发与发行，其目标是发展成为一家具有顶尖研运实力的世界级游戏公司。其总部位于上海，在印度尼西亚、新加坡和中国香港等地均设有分支机构。

2014年，拥有多年游戏从业经验的袁菁和徐振华离开腾讯，开始创业。考虑到国内游戏市场竞争已经很激烈，初始团队只有20个人的上海沐瞳科技有限公司选择了出海。上海沐瞳科技有限公司植根上海，服务全球，坚定地把中华文化元素融于游戏作品的研制与开发，通过领先的研发优势打造全球发行体系，陆续成功地推出了多款在海外拥有高知名度的移动游戏产品，并与全球30多个国家的政府机构、电竞协会、职业战队建立了长期合作的伙伴关系。2020年，上海沐瞳科技有限公司荣获"2019—2020年度国家文化出口重点企业"。

综上所述，新加坡的游戏行业目前正处于蓬勃发展阶段，其良好的游戏发展环境和基础硬件设施为中国游戏出海提供了极大的便利。因此，中国游戏公司应善于抓住机遇，制订好正确的出海战略，做好对外传播工作，避免在激烈的竞争中失去一席之地。

　　新加坡华人、华侨占新加坡总人口超过70%。相比于东南亚其他国家，具有中国传统文化特色的游戏题材，如《三国志（战略版）》等三国题材、《叫我官老爷》《宫锁心计》等宫廷题材，以及《新仙侠：起源》等仙侠题材，在新加坡市场更受玩家的偏爱。根据2021年上半年新加坡游戏 IOS &Google Play Store 榜单显示，腾讯、上海沐瞳科技等公司领衔免费榜单，莉莉斯、FunPlus、腾讯、触控、龙创悦动等公司领衔畅销榜单。除此之外，阿里巴巴凭借旗下三国题材游戏《三国志（战略版）》在新加坡市场也有着不俗的表现。而以武侠小说"射雕三部曲"为背景的《新射雕群侠传之铁血丹心》自2021年6月16日在新加坡、马来西亚上线后，成为近3年来首周、次周累计流水最高的中文移动游戏。除了商业化成果不俗，该游戏的定位策略也为后续想要借助中国传统文化拓展东南亚华人、华侨市场的游戏厂商提供了一定的借鉴。

三、新加坡游戏玩家调查

　　本部分基于问卷调查中的单选题及多选题相关数据，运用SPSS25.0软件对来自新加坡被调查玩家的游戏行为进行描述性统计分析。具体调查内容主要包括被调查玩家的游戏时长、游戏投资、游戏目的、喜爱的游戏类型、游戏的接触渠道、在游戏中所受哪些中国文化元素吸引、希望游戏中出现哪些中国文化元素等。课题组共发放网络问卷322份，收回有效问卷301份，有效问卷的回收率为93.5%。

1. 被调查者游戏行为的统计

表4-1-1　被调查者游戏行为统计表

选项	个案数	百分比
游戏时长（每天）		
1小时以内	139	46.2%
1—3小时	90	29.9%
3—5小时	49	16.3%
5小时以上	23	7.6%
游戏投资（SGD）		
0元	55	18.3%
1—50元	138	45.8%
51—100元	83	27.6%
101—500元	9	3.0%
500元以上	16	5.3%

根据上表样本数据，在游戏时长方面，有139位被调查者每天的游戏时长在1小时以内，有90位为1—3小时，有49位为3—5小时，仅有23位为5小时以上。可见，大部分被调查者均呈现一种较健康的游戏行为。

在游戏投资方面，仅有55位被调查者没有在手机游戏中进行消费，这一部分玩家用户可以成为游戏产品的潜在消费群体，是游戏公司未来可以着重去开发的对象；有近81.7%的被调查者在手机游戏里进行过消费，这符合新加坡手机游戏玩家消费能力强的特征。2020年，新加坡网民中手机游戏玩家占比为72%，购买附加内容的游戏玩家占比为7.9%，消费者支出占比最高的手机游戏为《无尽对决（海外版）》。新加坡平均每人年数字消费额为3016美元，消费者电子支付总值为1231万美元。新加坡在东南亚手机游戏市场收入排名第二，占总收入的20%，同比增幅为59%。虽然在东南亚地区的所有国家中新加坡人口较少，但新加坡移动游戏市场的 ARPPU 值却排名第一，这也是新加坡手机游戏玩家消费能力强的原因之一。

为了解新加坡手机游戏玩家对中国手机游戏产品的接受程度，问卷中设计了一道单选题："您是否玩过中国手游产品？"在301位被调查者中，有290位被调查者表示玩过中国的手机游戏，占比为96.3%，这说明中国手机游戏产品在新加坡手机游戏玩家中还是有着广泛的知名度的。

2. 被调查者游戏目的的统计

表4-1-2 被调查者游戏目的统计表

选项	个案数	百分比
休闲娱乐	239	79.4%
社交需要	114	37.9%
单纯的游戏迷	91	30.2%
获得成就感	60	19.9%
缓解压力	56	18.6%
赚钱	16	5.3%
其他	13	4.3%

根据上表数据显示，新加坡手机游戏玩家玩游戏的目的是多样化的，其中，休闲娱乐是占比最高的选项，为新加坡手机游戏玩家最主要的目的；其次，社交需要是占比第二高的选项，说明新加坡手机游戏玩家比较喜欢具有强社交性的手机游戏，这与《无尽对决（海外版）》等具有社交属性的手机游戏在新加坡的广泛传播不谋而合；除此之外，还有一些被调查者选择了"单纯的游戏迷"这一选

项，说明新加坡民众对手机游戏的接受程度较高，这在一定程度上也促进了新加坡游戏产业的发展。

3. 被调查者喜爱游戏类型的统计

表4-1-3　被调查者喜爱游戏类型统计表

选项	个案数	百分比
角色扮演类（RPG）	114	37.9%
多人竞技类（MOBA）	137	45.5%
博彩类（Gambling game）	53	17.6%
策略类（SLG）	75	24.9%
休闲类（Casual game）	79	26.2%
模拟类（SLG）	43	14.3%
第一人称射击类（FPS）	44	14.6%
其他（Else）	6	2.0%

根据上述数据显示，最受喜爱的游戏类型为多人竞技类游戏（MOBA），其次为角色扮演类（RPG），再者为休闲类（Casual game）和策略类（SLG）。此次问卷调查的结果与新加坡游戏"Google Play Store TOP 500"数据显示的结果大致相同。在该榜单中，免费榜以休闲类游戏为主，占比约22%；其次是智力和动作等游戏类型。在手机游戏产品畅销榜中以角色扮演类为主导，占比约33%；其次是策略和博彩等游戏类型。这说明新加坡手机游戏玩家在选择手机游戏时，对角色扮演类游戏、多人竞技类游戏及策略类游戏、休闲类游戏更为偏爱。

根据2021年上半年"新加坡游戏 IOS &Google Play Store 榜单"显示，在免费榜中的多人竞技类、策略类、博彩类及角色扮演类游戏产品中，来自中国的游戏产品占比均超过一半，已占据了绝对的领导地位。未来，对于新的参与者或者中小型游戏企业而言，选择体育、教育、棋牌等游戏类型来研发或许会有着更多的竞争机会和成功机会。另外，根据榜单显示，来自上海沐瞳科技有限公司的《无尽对决（海外版）》和莉莉丝的《万国觉醒》分别占据免费榜、畅销榜的首位。

4. 被调查者获知游戏接触渠道的分析

表 4-1-4　被调查者获知游戏接触渠道统计表

选项	个案数	百分比
搜索并关注了游戏的官方信息	111	36.9%
在生活中看到了相关的推广	112	37.2%
通过 App Store 排行榜	118	39.2%
通过 TikTok 等社交媒体	139	46.2%
身边的亲朋好友推荐这款游戏	89	29.6%
我是游戏 IP 的粉丝	64	21.3%

根据上述数据显示，被调查者在对自己获取所喜爱游戏相关信息的渠道进行选择时，通过 TikTok 等社交媒体这一选项占比最多。根据2021年"新加坡地区 App Store 应用排行榜"显示，最受欢迎的前三款社交软件分别为 Whatsapp（瓦次普）、Telegram Messenger（一款跨平台类似微信的 IM 工具）和 Facebook（脸书），最受欢迎的前三款视频类软件分别为 YouTube、TikTok（抖音国际版）和 Netflix（网飞）。因此，游戏公司在争夺新加坡游戏市场时，应注意在本土流行的社交媒体上发力，通过社交媒体来增强游戏产品的传播效果。

除此之外，"通过 App Store 排行榜""在生活中看到了相关的推广"以及"搜索并关注了游戏的官方信息"这三个选项分别占比

39.2%、37.2%、36.9%，这说明除了新加坡游戏玩家对游戏的主动关注，游戏公司在扩大游戏产品传播范围时也应注重游戏产品在当地生活中的相关推广。

值得注意的是，有21.3%的被调查者选择了"我是游戏IP的粉丝"，这说明开发游戏相关IP是游戏公司在未来可着重去关注的。在游戏的对外推广方面，可以通过诸如短视频、明星代言、主题综艺、游戏IP衍生品等方式对游戏进行推广。例如，《无尽对决（海外版）》推出了面向东南亚地区玩家的线下节庆活动515 eParty；在IP衍生内容方面，又成立了S.T.U.N.作为该游戏公司旗下的虚拟偶像团体等。通过这一系列方式来吸引潜在玩家入局，从而更好地增强原有玩家的黏性。

5.被调查者所受元素吸引的统计

表4-1-5　被调查者所受元素吸引统计表

选项	个案数	百分比
游戏的角色设计	198	65.8%
游戏的地图	185	61.5%
游戏的背景故事	162	53.8%
游戏的世界观	113	37.5%
游戏的音乐	96	31.9%
游戏的机制	77	25.6%

为探究新加坡手机游戏玩家在游戏过程中会被哪些元素吸引，问卷还设计了一道多选题："手机游戏中吸引您的元素有哪些？"调查结果如上表所示，排在前三位的选项分别为"游戏的角色设计"、"游戏的地图"和"游戏的背景故事"。这说明中国游戏公司在面向新加坡玩家开发手机游戏产品时，可考虑将重点放在"游戏的角色

设计"游戏的地图""游戏的背景故事"等方面，通过加入中国文化的设计元素，助力中国文化在新加坡进行传播。

6. 被调查者期望的游戏举措统计分析

表4-1-6　被调查者期望的游戏举措统计表

选项	个案数	百分比
游戏角色的皮肤	159	52.8%
游戏的剧情、背景	190	63.1%
游戏的玩法模式	211	70.1%
游戏周边	155	51.5%
游戏的线下活动	128	42.5%
游戏的相关赛事	95	31.6%
游戏的衍生 IP	90	29.9%

为了解游戏中的哪些举措会引起被调查者对中国文化产生兴趣，问卷设计了一道多选题。根据上表样本数据统计结果显示，前五位选项分别为"游戏的玩法模式""游戏的剧情、背景""游戏角色的皮肤""游戏周边""游戏的线下活动"。这说明中国游戏公司在面向新加坡玩家进行跨文化传播时，可考虑将重点放在以上几个方面的研发，增加中国文化元素，借助游戏产品来讲好中国故事，传播好中国声音。在这一方面，腾讯的《王者荣耀》就很好地承担起了传播中国文化的使命。该游戏的开发组不断在英雄皮肤的设计上下功夫，接连推出系列具有中国文化元素的皮肤样式，从神话到现实、从古典到现代……这些含有中国文化元素的皮肤样式在收获了一批玩家喜爱的同时，也很好地传播了中国传统文化，该做法值得想要出海的中国游戏公司学习与借鉴。

7. 希望游戏出现的中国文化元素统计分析

表4-1-7 被调查者希望游戏出现的中国文化元素统计表

选项	个案数	百分比
中国文学	185	61.5%
中国服饰	199	66.1%
中国饮食	193	64.1%
中国武术	166	55.1%
中国景观	125	41.5%
中国神话	61	20.3%
其他	6	2.0%

为了探究新加坡玩家希望游戏中出现哪些中国文化元素，问卷设计了一道多选题："您希望手游里出现哪些中国文化元素？"结果见上表，前五选项为"中国服饰""中国饮食""中国文学""中国武术""中国景观"。这说明游戏公司在开发游戏时，可考虑在游戏产品中着重增加以上几个方面的中国文化元素设计，以此提高中国文化特色的占比，吸引更多新加坡玩家。

四、中国网络游戏出海新加坡的策略和建议

调查发现，新加坡关于游戏方面的政策环境总体相对良好。一方面，新加坡政府重视知识产权保护，游戏版权的审批速度快；另一方面，新加坡政府非常重视游戏产业，采取了多项举措来支持电子游戏和电竞产业的发展；同时，新加坡旅游局对国内大型游戏和电子竞技活动也表现出支持的态度。

在游戏产品的年龄分级监督制度建设方面，尽管东南亚地区整体在网络游戏方面的监管力度较小，但新加坡作为发达国家在信息网络文化方面有了一些大胆的新尝试。早在2008年4月28日，新加坡便开始实施电玩游戏分级制。该分级制度更多参考了美国的娱

乐软件评级制（ESRB）、欧洲的泛欧洲游戏信息系统（PEGI）、澳大利亚的电影及文学分级制（OFLC）和日本的电脑娱乐评级制（CERO）等。分级制度出台后，新加坡当地游戏公司在推出新发行游戏前，必须在新加坡资讯通信媒体发展管理局的官方网站申报游戏内容并通过审核。在新加坡《刑事法典》中，关于虚报资料的相关条例就有相关规定：谎报内容的游戏批发商或进口商可被诉至法庭。除此之外，新加坡的《影片法令》对电玩游戏的贩售也有着极其严格的管理和限制：电子游戏产品的包装盒上必须贴上注明级别的标签，含有过多暴力、裸露等成人内容的电子游戏须被列入"M18"级；商家在出售"M18"级游戏产品时，须检查购买者的年龄，如果厂商违规售卖将可能会被起诉。同时，新加坡资讯通信媒体发展管理局对"M18"级的电子游戏产品的审查也更为严格。

新加坡以严刑峻法闻名于世，法律拥有至高无上的地位。在游戏发行的管理及法律规定方面，新加坡政府对网络游戏内容有着严苛的规定。新加坡根据广播法颁布了《互联网行为准则》与产业标准，由新加坡资讯通信媒体发展管理局管理。在《互联网行为准则》中明确规定："禁止那些与公众利益、公共道德、公共秩序、公共安全和国家团结相违背的内容。"除此之外，在新加坡以往制定的《诽谤法》《煽动法》《维护宗教融合法案》中，也有部分内容适用于网络游戏管理，规定任何危害青少年健康成长的内容都禁止在网络游戏中传播。

在知识产权保护方面，新加坡拥有健全和公正的司法系统。据世界经济论坛发布的《2019年全球竞争力报告》显示，新加坡知识产权保护排名亚洲第一、全球第二。2020年4月，新加坡启动了"新加坡专利快速通道（SG IP FAST）"，将所有技术领域专利申请授权缩短至6个月。因此，游戏在新加坡可获得较快的审批，这也在很大程度上吸引了来自世界各地尤其是中国的游戏公司到新加坡发展。

1. 增加文化厚度，实现共情传播

"共情"是指"一个人能够理解另一个人的独特经历，并对此做出反应的能力"。而"跨文化共情传播"是指传播者在跨文化传播活动中巧妙地培养和运用共情，力求传播的信息内容获得来自不同文化背景受众的同向解读与情感共鸣。中新两国人民血缘相亲、语言相通、风俗相近，高度的文化接近性使两国的文化交流与合作有着得天独厚的基础条件。

相较其他海外地区，新加坡拥有与中国较近似的文化背景，也是较多华人、华侨集中定居的地区，故中文版本及具有中国文化背景的游戏产品具备一定优势。以中国文化元素为基础，围绕华人、华侨开拓新加坡游戏市场已日益成为中国游戏公司在出海新加坡游戏市场时优选的策略之一。例如，由中手游科技集团有限公司（中手游公司）开发的手机游戏《新射雕群侠传之铁血丹心》主要是以武侠小说"射雕三部曲"作为背景，一开始在进入新加坡、马来西亚时便具备了较强的文化影响力，因为新加坡华人对武侠文化等中国文化元素有着极高的兴趣。目前，该游戏已被列入"2021—2022年度国家文化出口重点项目"名单，不仅在盈利上获得了成功，同时在面向海外进行中国文化传播方面也做出了一定的成绩。

除了增加中国元素，游戏设计方面还要更加国际化。游戏公司从出海游戏的立项开始就应从玩法和题材等方面进行前瞻性的探索和研发，以布局全球蓝海市场，使游戏具备全球发行的基础。以《王者荣耀》为例，因该游戏内容过于中国化，虽然在中国非常流行，但出海却遇到挫折。而在新加坡排名第一的游戏是上海沐瞳科

技有限公司研发的《无尽对决（海外版）》，一个在国内名不见经传的小公司在国外屡次打败腾讯是有原因的。

如今，自"一带一路"倡议提出以来，游戏产品的文化交流已成为中新两国人民之间友谊发展的桥梁和纽带。新加坡华人占比高，且对中国传统文化有着一定的感情基础，在新加坡游戏市场与欧美、日韩等成熟游戏公司进行竞争时，中国游戏公司不应该忽视"中华传统文化"这个金元宝。因此，中国游戏公司在对新加坡市场进行开拓时，应尽可能地在游戏中增加中国文化元素，如将中国历史人物作为角色设计的原型、制作具有中华古典服饰元素的游戏皮肤、在游戏场景内增加中国节日元素等。这么做，一方面可以利用好两国文化交流的基础，实现共情传播，以扩大自身影响力；另一方面可以通过双方在游戏产品中的文化交流来树立文化自信，推动中国文化走向世界，助力"一带一路"倡议在新加坡的实施。

注重开发典型 IP，减少同质内容出口，最大限度地提高游戏产品的收益。即便是头部手机游戏《王者荣耀》也曾出现相似的英雄角色和游戏环节设计等问题。因此，想要获得玩家的追捧，提高自身在游戏市场的独特地位，最重要的一点就是打造典型的游戏内容及塑造特有的 IP。

开发 IP 衍生内容，采取线上、线下结合的推广形式。在游戏的对外推广方面，可考虑采用如短视频、明星代言、主题综艺、游戏 IP 衍生品等方式对游戏进行推广。例如，《无尽对决（海外版）》推出了面向东南亚地区玩家的线下节庆活动 515 eParty，在 IP 衍生内容方面又成立了全新的虚拟组合 S.T.U.N. 作为该游戏的虚拟偶像团体。除此之外，由中手游公司出品的《新射雕群侠传之铁血丹心》于上线之际，便在新加坡、马来西亚取得亮眼的成绩。

中手游公司游戏团队通过进一步优化发行策略，加强了该款游戏在新加坡的竞争力。如线上，通过拍摄《新射雕群侠传之铁血丹心》手机游戏"大电影"作为宣推素材，"大电影"上线仅一天就获得70多万次的播放量。通过对该游戏 App Store 的用户评价研究可以发现，有大量玩家正是被该"大电影"在 TikTok 上的推广所吸引而加入游戏之中的。线下，则与新加坡当地华人出行、用餐习惯使用的 FM 电台、外卖 App 进行合作，使宣传更为精准地触及目标受众。该游戏取得的商业成果，为后续希望借助中国文化元素拓展东南亚华人、华侨市场的游戏公司提供了一定的借鉴。

2. 利用社交媒体，拓宽宣传渠道

交互性是网络游戏成功吸引玩家的一个重要原因。在当前的手机游戏生态环境中，亟待挖掘的用户需求点之一就是构建游戏互动社区。因此，为了提高用户的游戏参与度，拓宽游戏的宣传渠道、构建多点辐射的手机游戏互动社区很有必要。构建互动化的手机游戏社区，一方面可以通过社区用户之间的互动来稳住已有的游戏用户，提高用户黏度；另一方面，通过游戏用户之间的人际互动吸引更多潜在游戏用户加入，增强游戏的渗透能力。从深度访谈的结果来看，"社交媒体推广"和"朋友推荐"是受访者对《无尽对决（海外版）》这款游戏最主要的两个了解渠道。因此，在拓宽手机游戏产品出海的宣传渠道方面，构建互动社区是重中之重。针对新加坡地区的营销策略，中国游戏公司可以考虑使用海外两个传播渠道——Google（谷歌）和 Facebook（脸书），同时抓住诸如 TikTok 和 WhatsApp（瓦次普）等新兴的社交媒体。另外，在游戏正式发布前利用社交媒体和关键意见领袖（KOL）进行预热，也可提前积攒人气，获取大批新玩家的关注。

如何充分利用社交媒体？除了确定目标受众，还要选择好针对目标受众的合适的媒体，这就需要游戏公司根据每一种社交媒体的本地发展程度及不同特色来进行不同形式的捆绑与宣传。在新加坡，根据"手机应用下载量排行榜"可知，民众主要使用 Facebook、Telegram Messenger、WhatsApp 这三款社交软件。而笔者通过田野调查观察发现，在 Facebook 上，《无尽对决（海外版）》的讨论小组并不多，甚至没有专门针对新加坡玩家的讨论小组，一些新加坡的游戏玩家只能活跃在马来西亚的讨论小组里。因此，中国游戏公司在争夺新加坡游戏市场时，应注意在当地流行的社交媒体上构建专门的游戏互动社区，按照"对谁进行推广""在哪些平台""想要传达什么"的"三步走"思路进行推广，以此拓宽游戏产品的宣传渠道。

注重升级游戏系统中的社交功能。为了方便用户玩家使用多种渠道接触和下载游戏，要保持游戏客户端和各大社交平台传播渠道的畅通。通过游戏和社交平台中的各种分享活动和奖励活动，形成完整的社交链，用"滚雪球"的方式建立和强化老玩家对新玩家的连带作用，增强游戏本身的社交性，让游戏用户更好地感受游戏所带来的社交体验。如《王者荣耀》的六周年庆祝活动，就举办了通过邀请好友参加即可提前获得免费限定皮肤的周年庆活动。这一类型的活动不仅投入成本低，还能起到很好的宣传作用，从而吸引更多新玩家加入游戏。这也是中国游戏公司在出海新加坡时可借鉴的经验之一。

充分发挥领域内 KOL 的作用。2021 年是流媒体游戏直播具有里程碑意义的一年，观众人数同比增长 12.7%，达到 7.47 亿人。从游戏直播所带来的效应可以看出，KOL 等主要游戏使用者的带动辐射范围更广且更具说服力，也更容易被受众所接受。因此，在游戏的推广过程中，游戏公司要充分重视 KOL 的带动作用，可以主动参与选拔优秀的玩家担当这样的角色，或者邀请当地知名的主播直播游戏全过程。这样不仅可以吸引更多用户加入，而且可以将游戏直播作为新的收益点，吸引更多主播加入游戏直播中，以此形成更强大的 KOL 阵容，从而扩大游戏辐射范围。目前，上海沐瞳科技有限公司已被字节跳动纳入麾下。TikTok 是字节跳动开拓海外电竞市场的首要应用，字节跳动在新加坡已考虑将 TikTok 与《无尽对决（海外版）》进行业务联动，催生该游戏的内容与渠道之间产生新的变革，以此拓宽游戏的宣传渠道，增强其在新加坡的传播效果。

3. "游戏 +" 跨界联动，强化传播效果

文化产业想要持续发展，最重要的途径就是实现不同文化产品之间的交流与融合。在这个万物皆可互联的时代，游戏产业的布局已经不仅仅局限于游戏这个单一领域，而是逐渐渗透到许多不同的文化领域。在这种融合的趋势下，游戏产业出现了诸如"游戏 + 景区""游戏 + 文创"等新兴业态，"游戏 +"模式的发展脉络逐渐清晰起来。游戏产业的跨界融合在提高了自身传播效果水准的同时，也助力了其他文化产业的发展。

首先，"游戏 + 景区"助力传统实现突破。2019 年，多益网络游戏公司与浙江兰溪诸葛八卦村进行跨界合作，将"诸葛八卦村"作为一个传统文化符号引入到其旗下游戏《神武 3》的制作内容中，以此打破次元束缚，让传统村落文化走进游戏场景。优秀景区文化与游戏产品的融合，不仅提高了诸葛八卦村的知名度，也让游戏以另一种方式走进人们的生活，这无疑促进了游戏和景区的共同发展。

其次，"游戏＋文创"输出优质文化内容。近年来，伴随着文创产业的逐渐兴起，"游戏＋文创"模式如雨后春笋般走进人们的视野。叠纸游戏公司携手南京云锦研究所开展了一系列跨界合作活动，最为有名的一款装扮类游戏《闪耀暖暖》就是由两者共同研发的。该游戏在线上对南京云锦汉服（原型为明万历孝端皇后的吉服）进行3D数字化呈现，在线下于南京云锦研究所的展厅播放"游戏＋文创"跨界合作影片《寸心寸锦》。此次"游戏＋文创"跨界合作，一方面是让《闪耀暖暖》的游戏玩家了解了非物质文化遗产——南京云锦的相关知识，吸引了他们从游戏走到现实——前往研究所实地参观，从而提高了南京云锦的知名度；另一方面是让云锦爱好者了解了《闪耀暖暖》这款游戏，达到了双赢的传播效果。

因此，中国网络游戏出海新加坡，可考虑借鉴以上几种"游戏＋"模式进行传播。如在游戏中植入中国钟灵毓秀的风景，让当地玩家欣赏到中国锦绣山河；在游戏中植入中国辉煌灿烂的文创元素，让当地玩家感受到中华文化的经天纬地。总之，中国网络游戏若能在新加坡传播的过程中实现多种多样的跨界联动，相信必定能取得理想的传播效果。

第二节　马来西亚游戏产业发展现状及传播策略

一、马来西亚游戏产业发展现状

在"一带一路"倡议提出的背景下，东盟国家成为我国对外贸易的重要合作伙伴。作为东盟国家的重要一员，马来西亚在经济、文化等方面都与我国有着密切的合作。新媒体的传播功能越来越强，网络游戏产业的发展与产品输出将成为未来跨文化传播的重要环节。随着近年来我国与东盟国家的合作不断加深，我国与东盟国家之间的文化交流日益密切，作为跨文化传播的重要载体，中国网络游戏在东盟国家的传播对于我国文化"走出去"具有重要的作用。本节将在介绍马来西亚互联网及游戏发展现状的基础上，探讨中国网络游戏如何在马来西亚进行传播，讲好中国故事，以此加强我国对外传播能力、提高我国文化软实力这一问题。

作为"一带一路"倡议下我国重要的战略合作伙伴，马来西亚政局稳定、文化国际融合程度高，其网络游戏市场非常具有代表性和潜力。马来西亚的互联网渗透率在80%以上，在东盟六大游戏强国中排名第二，且绝大多数城市网络用户都是游戏玩家，智能手机用户渗透率在70%以上，远超世界平均水平，为网络游戏市场的发展提供了坚实的基础。受中国文化因素的影响，马来西亚的网络游戏较为偏向我国市场。从端游开始，我国网络游戏就对马来西亚的网络游戏市场和网民有着较大的影响。2008年，完美时空世界公司就《梦幻诛仙》游戏与马来西亚著名网络游戏运营商 Cubinet Interactive（s）Pte.Ltd（以下简称"Cubinet"）签订了授权许可。《梦幻诛仙》在马来西亚上线，获得了玩家的普遍欢迎。Cubinet 主要致力在马来西亚发行高质量的游戏，其拥有强大的发布网络和用户社区，在马来西亚和新加坡均拥有游戏发行和运营业务。该公司还代理了完美时空世界公司研发的《完美世界（海外版）》《赤壁》。通过代理《完美世界（海外版）》，Cubinet 在东南亚获得了高速的发展，《完美世界（海外版）》也成为当时东南亚最成功的网络游戏之一。2012年，由上海骏梦网络科技发行的《新仙剑奇侠传（网络版）》通过新加坡游戏公司 IAH Games 的代理在马来西亚推出。IAH Games 还将其进行本土化改编，分别提供了英语、马来西亚语的翻译版本。《新仙剑奇侠传（网络版）》在马来西亚掀起了一阵"古风游戏"的浪潮，奠定了中国网络游戏在马来西亚良好的受众基础。即便到了移动网络游戏时代，我国的游戏开发商也在马来西亚拥有得天独厚的优势。根据 Sensor Tower 等统计数据显示，在马来西亚的游戏市场中，2020年收益排名前十的游戏中有6款来自中国，它们由上海沐瞳科技有限公司、腾讯、莉莉丝、EskyFun 及创酷所研发。手机游戏活跃用户排行榜中也有5款游戏来自中国，它们由腾讯、上海米哈游、上海沐瞳科技有限公司所研发。

　　虽然马来西亚的网络发展建设不像美国和西欧等一些国家一样走在世界前列，但是政府依然积极通过"多媒体超级走廊"计划大范围建设通信网络。在该计划的实施下，免税5年的优惠条件使得大量与科技创新相关的产业逐渐兴起，互联网产业因此得到迅速发展。根据 We Are Social 调查公司发布的数据显示，2018年马来西亚总人口为3225万人，互联网用户达2584万，占总人口的80%以上，互联网用户平均每日使用互联网时长达8小时5分钟。近年来，随着智能手机的普及，马来西亚移动互联网的发展变得异常火热，2016年就已经拥有了72.3%的手机渗透率，超过亚太地区64.4%

的平均水平，在东南亚六个游戏大国中排名第二，仅次于新加坡。2018年，马来西亚的移动互联网连接速度已达19.92Mbps。从这些数据中我们可以发现，马来西亚政府近些年对互联网的发展极其重视，且取得了一定的成果。马来西亚更是依托电商平台等互联网发展产业，获得了巨大的经济效益。

在支付习惯方面，近年来，马来西亚政府持续推动社会大众及零售商转型，支持电子钱包，倡导无现金化社会。银行转账（37%）是马来西亚最受欢迎的支付方式，其次为银行卡（33%）、货到付款（13%）、电子钱包（8%）及其他支付方式（7%）。在马来西亚，Visa（42%）和 Master Card（30%）是最常见的支付卡，网络支付渗透率已高达85%，银行转账和电子钱包也是最优选的两种付款方式。因受政策、银行接口的开放权限及互联网发展等因素影响，马来西亚的移动支付发展并不像中国这么迅速，目前当地使用最多的支付方式是 Boost、Touch'n Goe Wallet、Grab Pay，还有马来西亚两大银行——马来亚银行 Maybank 和联昌国际银行 CIMB Bank 所推出的 Maybank Pay 和 CIMB Pay。同时，支付宝和微信支付在马来西亚也较为普及。在马来西亚，除了以上支付方式还有一个针对游戏充值的支付渠道——MOL Points。MOL Points 是一种用于游戏充值的预付卡，由马来西亚 MOL 公司进行开发与运营，用户可通过 MOL Points 的12个本地化门户来购买线上游戏、产品与服务。目前，该预付卡已覆盖全球80多个国家，用户可通过160多万个线下网点、便利店或在线购买。MOL Points 已成为东南亚主流的在线支付方式之一。

根据 Newzoo 发布的数据显示，2019年，马来西亚的游戏玩家达2010万人，超过总人口数的一半。角色扮演、策略及休闲类游戏在马来西亚游戏市场占据主导地位，受多数游戏玩家所喜爱。

《龙吟盛世》是马来西亚自产的首款网络游戏。该游戏主要以三国为背景，由霸王、惊羽、巫师及祭师四大职业组成游戏人物角色，将历史上三国著名战役融入关卡，以剧情发展和对战为主要形式研发而成。由于目前马来西亚以手机游戏玩家居多，因此，《龙吟盛世》在游戏市场上并没有占得理想的份额。此外，马来西亚最为有名的游戏要数《革命曲途》，这款游戏是让玩家扮演独立的摇滚乐团，与唱片公司展开斗争。游戏中，不仅有大家耳熟能详的音乐，还融入了各种动作元素，让玩家产生共鸣，以此来加强游戏的可玩性。该游戏在2020年8月一上线便凭借其新颖的游戏形式和贴合马来西亚的文化元素而大获好评。

二、中国网络游戏出海马来西亚情况

最早进入马来西亚游戏市场的中国网络游戏是2004年金山软件公司推出的《剑侠情缘（网络版）》，这是中国网络游戏在出海马来西亚游戏市场的首次尝试。随着手机渗透率逐渐上升，越来越多的马来西亚人成为手机游戏玩家，中国手机游戏也受到了前所未有的热烈欢迎。根据CAMIA东南亚手游观察发布的信息显示，从2016年发布的"Q1top 20畅销榜单"中可以看出，有将近75%的游戏产品都是产自中国的手机游戏公司。

根据Senser Tower发布的数据显示，上海沐瞳科技有限公司旗下的移动游戏《无尽对决》深受马来西亚玩家的喜爱。作为一款多人在线战术竞技场游戏，其玩法、内容设置与《英雄联盟》《王者荣耀》非常类似。它之所以能够在马来西亚等东南亚地区游戏市场中位居前列，是因其在产品定位、市场运营等各个方面的优异表现所决定的。首先，上海沐瞳科技有限公司看中的正是海外游戏市场中强竞技性的多人在线游戏的稀缺，以及此类游戏本身相较于其他游戏更能吸引玩家们的注意。其次，与其他手机游戏相比，《无尽对决》是首款支持全球"同服"的游戏，这也就意味着全世界来自各个国家的玩家都在使用同一个服务器，所有玩家在游戏内都可以遇到其他国家的队友或对手，而每个玩家都会带有自己国家国旗的标志，这不仅满足了玩家们跨国社交的需求，更是将国家荣誉感融入每一个玩家身上，使得游戏更加具有竞技性。再者，为了突出游戏的娱乐性，上海沐瞳科技有限公司在游戏内设置了更为快捷的直播功能，只要玩家达到一定条件就可直接在游戏内不借助任何工具实现即时直播。此外，相关电竞比赛的开展也同样使得该游戏更加具有娱乐性与观赏性。最后，《无尽对决》的畅销也离不开上海沐瞳科技有限公司在马来西亚的宣传投入。该公司在城市交通工具上的广告投放及举办相关职业联赛，都不同程度地吸引了马来西亚玩家下载游戏并参与游戏。

除了《无尽对决》，腾讯的《和平精英（海外版）》在2018年也成为马来西亚市场下载量最多的一款游戏。由此可见，中国网络游戏在马来西亚游戏市场中占据了很大的比重。这不仅意味着中国网络游戏在东南亚市场上具有强大的传播优势，还意味着作为传播中国文化的载体，中国网络游戏发挥的作用越来越大。

三、马来西亚游戏玩家调查

课题组在马来西亚发放了320份问卷，回收307份。在调查对象的性别构成中，男性177人，占比57.7%；女性130人，占比42.3%。虽然男性玩家略多于女性玩家，但相差并不大，性别比例较均衡。这与Statista在2018年发布的《马来西亚网络游戏市场调研报告》中所显示的女性玩家达44.7%的结果非常接近。

表 4-2-1　玩家性别构成

性别	个案数	百分比
男	177	57.7%
女	130	42.3%

在年龄分布上，被调查对象主要集中在 19 岁至 24 岁以及 25 岁至 30 岁的青年群体，两者分别占比 33.6%、36.4%；18 岁及以下占比 17.9%；30 岁以上占比 12.1%。参与对象的年龄分布也基本符合 Statista 在 2018 年发布的《马来西亚网络游戏市场调研报告 2》中所公布的结果。

表 4-2-2　玩家的年龄分布

年龄	个案数	百分比
18 岁及以下	55	17.9%
19—24 岁	103	33.6%
25—30 岁	112	36.4%
30 岁以上	37	12.1%

在玩家的学历属性方面，具有大学本科学历的有 130 人，占比最高，为 42.3%；其次是大专或同等学力的有 68 人，占比 22.2%；研究生及以上学历的有 63 人，占比 20.5%；高中 / 技术学校及以下学历有 46 人，占比 15.0%。

在玩家的职业属性方面，人数最多的是学生，共有 118 人，占比 38.4%；其次为企业职员，共有 82 人，占比 26.7%；事业单位或政府工作人员占比 15.3%；个体从业者占比 16.0%；自由职业者最少，仅占比 3.6%。

表 4-2-3　玩家属性构成表

用户特征	个案数	百分比
学历		
高中 / 技术学校及以下	46	15.0%

续表

用户特征	个案数	百分比
学历		
大专或同等学力	68	22.2%
大学本科	130	42.3%
研究生及以上	63	20.5%
职业		
学生	118	38.4%
企业职员	82	26.7%
事业单位 / 政府工作人员	47	15.3%
个体从业者	49	16.0%
自由职业者	11	3.6%
月收入（单位：令吉）		
1000 以下	13	4.2%
1001—2000	12	3.9%
2001—3000	107	34.9%
3001—5000	140	45.6%
5000 以上	35	11.4%

另外，玩家的使用时长和使用频率也可反映一款游戏的受欢迎状态。玩家的使用时长在一定程度上反映了玩家对游戏的忠诚度，而使用频率则可反映玩家对游戏的黏性和活跃度。

表4-2-4　玩家的使用行为统计表

选项	个案数	百分比
游戏频率		
每周一次或者以下	53	17.3%
几天 1 次	139	45.3%

续表

选项	个案数	百分比
游戏频率		
每天1—2次	81	26.3%
每天多次	34	11.1%
使用时长		
一年及以下	22	7.2%
一年到一年半	41	13.4%
一年半到两年	52	16.9%
两年到两年半	66	21.5%
两年半到三年	81	26.3%
三年以上	45	14.7%

四、中国网络游戏出海马来西亚的策略和建议

尽管从目前的形势看，中国网络游戏在马来西亚的出海现状较为繁荣，但是如何保障中国网络游戏在马来西亚长期有效地传播，以及如何通过网络游戏讲好中国故事，仍然是一个值得我们深思的问题。因此，我们在了解马来西亚国家现状、借鉴已在马来西亚取得一定成绩的中国网络游戏的基础上，对中国网络游戏的出海策略提出以下几点建议。

1. 文化尊重

马来西亚是一个多民族、多文化国家，其政治稳定，文化国际化融合程度高，市场具有代表性。在语言方面，马来西亚有三大语种——中文、英语、马来语，虽然马来语是其唯一的官方语言，英语是其一般的商业用语，但是马来西亚人大都能以简单的英语进行

交谈，大专院校尤其是私立学校大部分也在使用英语教学。马来西亚的华裔大多会讲普通话及中国南部的一些方言，如广东话、潮州话、客家话、福建话和海南话等。马来西亚民众对中国文化的接受程度较高，仅次于新加坡。印度或南亚后裔的马来西亚人通用的语言有乌尔德语、淡米尔语、旁遮普语等。不同的语言对应不一样的游戏市场，因此在游戏制作时确定语言的定位至关重要。

由于我国与马来西亚的宗教、文化和风俗习惯多样，因此在游戏研发时要避免触碰宗教禁忌问题。对于信仰穆斯林的大部分马来人来说，过于性感、暴露的游戏角色会让他们感到被冒犯。2017年，Steam 游戏平台上《诸神之战》这款格斗游戏就因触碰宗教问题而受到了当地宗教团体的批评。马来西亚通信与多媒体委员会联系了 V 社（维尔福软件公司），要求其在 24 小时之内停止该游戏在马来西亚境内发售。马来西亚政府认为这款游戏对"民族团结"是一种威胁。由于 V 社回应过慢，马来西亚政府甚至封禁了 Steam 游戏平台，直到游戏下架了该平台才得以解封。可见，尊重当地文化环境、宗教背景对于游戏出海本土化是多么的重要。

作为讲好中国故事的重要载体，中国网络游戏本身多少都会带有中国元素，从很多中国网络游戏的场景设计、音乐设计、情节设计等都能看出独属于中国风格的印记。但游戏出海不单是将文化传出去，也要追求一定的商业利益，因此就必须让游戏在当地市场占据一定的地位与份额。如何在传播中国文化的同时更好地融入当地文化，让当地民众对外来游戏有一种亲切感，这也是值得游戏出海公司考虑的问题。对此，可以在人物情节设计上融入当地文化，加入当地玩家熟悉的人物形象、风景名胜或者情节故事，这样既能增加玩家对游戏的熟悉感，又可以拉近游戏与玩家之间的距离。

此外，游戏出海还需要尊重当地的文化习俗。马来西亚居民大多信奉伊斯兰教，在游戏内容的研发上需要充分考虑到这一点。有一些在我们国家看来很正常的内容，在他们国家的民众看来可能就是另一种意思。因此，出海游戏应该以娱乐为主，且尽量避免触碰一些敏感问题和底线。

2. 拓宽宣传渠道

中国网络游戏之所以能够在马来西亚大受欢迎，离不开中国强大的手机制造厂商。中国手机品牌 VIVO、OPPO、小米、华为在马来西亚销量领先，而这些手机在内置的 App 中也会自带一些中国的游戏，类似于捆绑下载的模式。因此，中国网络游戏要想更好地在马来西亚得到传播，需要与当地的手机厂商、软件制造商等合作，依靠手机、软件等附带的硬性捆绑植入，以达到游戏宣传的目的。尤其是在新游戏刚刚进入马来西亚市场时，这种宣传能够直接、快速地发挥惊人的效果。

与当地一些媒体或平台进行互动传播，打造有趣的游戏衍生视频、IP 故事、游戏周边或电竞赛事等，通过多种多样的方式来达到游戏宣传的效果，也是不错的选择。例如，拳头游戏公司的《英雄联盟》不仅在各大社交平台上开了账号，还通过精美的游戏 CG 动画制作、游戏视频剪辑及人物"手办"制作等形式为游戏代言。此外，每个赛季这款游戏都会在东南亚设置专门的赛区（PCS）进行英雄联盟职业联赛。比赛采用直播的形式在媒体平台进行播放，其间大量观众被比赛所吸引，从而变为玩家。中国网络游戏出海马来西亚也可以借鉴这样的形式，以便更快速地达到推广与宣传的效果。

3. 营销本土化

在营销层面，实现游戏运营和推广的本土化。运营需要考虑活动举办的本地化，以及参考当地的文化背景、社交渠道、聚焦热点等因素。比如根据当地的节日策划活动，注重付费习惯、机型配备等，实现社交工具的本地化。对于游戏宣传和营销，无论是在前期还是后期，游戏中的社交绑定都是十分重要的。游戏是具备天然的社交属性的，无论是游戏背景内容、玩家感受，还是游戏行为本身等，都是非常具有话题性的，而话题无疑就是开启陌生人相互了解、维持沟通频率的最佳媒介。因此，游戏和社交其实是相辅相成的：游戏能提供足够多的话题以维持社交行为，而社交功能可以满足人的天性，让玩家更好地体验游戏。不光是游戏本身，游戏中的社交绑定也需要加以本土化。另外，对游戏广告的投放也应将重心放在马来西亚民众常用的手机软件上，如 TikTok、Instagram 等。

第三节　泰国游戏产业发展现状及传播策略

一、泰国游戏产业发展现状

近年来，随着对外开放及"一带一路"倡议的推动，我国与东南亚地区的合作不断深入。泰国是东盟成员国和创始国之一，凭借其得天独厚的地理区位和人口、自然资源的优势，以及相对完善的基础设施，在东南亚区域发展中占有重要地位。泰国的游戏市场在东盟国家名列前茅，但大多为中国和美国的游戏，本土游戏公司的发展实力相对较弱。

泰国是目前世界上为数不多还保留着皇室的现代化国家，实行君主立宪制，具有典型的军人政治特点——政局动荡不断。另外，泰国是世界的新兴工业国家和世界新兴市场经济体之一、世界五大农产品出口国之一，也是亚洲唯一的粮食净出口国、东南亚汽车制造中心和东盟最大的汽车市场。泰国还是"佛教之国"、世界闻名的旅游胜地。

泰国 95% 以上的人口信奉佛教，历代统治者利用佛教对人民进行教导。泰国在政治、文学、艺术、风俗习惯等各个方面都深受佛教影响。泰国之所以被称为"微笑之国"，很大程度上也是归功于佛教对泰国人民的影响，佛教所倡导的忠君爱国、助人为乐、温和谦让等优良品格一直为泰国人所传承。

"中泰一家亲"是两国双边关系的真实写照，是中泰关系长远发展的基础。自 1975 年中泰建立外交关系以来，两国的关系一直保持着健康、稳定的发展局面。习近平主席在 2013 年出访中亚和东南亚国家期间，提出了共建"丝绸之路经济带"和"21 世纪海上丝绸之路"的重大倡议，泰国政府高度认可并积极响应。泰国地处"一带一路"倡议中"带"和"路"的交会点，地缘优势十分明显。自从提出"一带一路"倡议以来，中泰合作范围不断拓展，基础设施项目（如中泰铁路）建设稳中有进，贸易往来畅通，中方投资增多（中国已经成为泰国第一大投资来源国），民间交往加强，人才教育互通（中国是泰国最大旅游客源国和最大留学生生源国），中泰两国合作品质不断提升，这对中国 – 东盟和亚太地区的稳定与发展有着相当的促进作用。

据《中国企业海外形象调查报告 2020（"一带一路"版）》显示，"一带一路"沿线 12 个国家中平均有 75% 的受访者关注"一带一路"建设，其中，泰国民众对"一带一路"建设的认知度最高，并且对"一带一路"建设所带来的积极影响也最为认可，77% 的受访者认为"一带一路"建设对沿线地区和全球经济产生积极意义。泰国正在推行"泰国4.0"的重要载体"东部经济走廊"发展战略与"一带一路"发展理念和目标高度契合，实现了战略层面的完好对接，这为中泰两国的经济合作与人文交流注入了新的活力。

1. 泰国人普遍爱玩网络游戏

英国民意调查机构舆观（You Gov）对全球24个国家及地区的游戏爱好者分别进行过调查，结果显示，有高达80%泰国民众是游戏玩家，这在东南亚各国中占比最高。而最受泰国游戏玩家欢迎的游戏平台为"智慧型手机"，因此泰国的手机游戏市场最为活跃。大多数泰国人用手机（占比89%）玩游戏，其次为台式电脑／笔记本电脑（占比41%）、平板电脑（占比28%）、家用游戏机（占比15%）及手持游戏装置（占比11%）。

舆观调查结果还显示，泰国的手机游戏玩家数量仅次于印度尼西亚，位居东南亚国家第二。受访者称："泰国的年轻人尤其是中学生特别热爱网络游戏，由于放学时间早，网吧里、街机店都有很多学生在玩，走在路上也有许多年轻人拿着手机玩游戏……"泰国民众对网络游戏的热爱可见一斑。

泰国《世界日报》于2019年报道，过去四年泰国游戏产业以年均12.7%的增幅持续增长，支持因素包括受消费者青睐的手机网络游戏开发增多、游戏开发商数量增加、民间投资增大等。此外，国内外玩家之间的电子竞技比赛也颇受欢迎，这也是推动游戏产业快速发展的重要因素。

游戏产业作为泰国的新兴产业，市场前景十分广阔。游戏产业的扩张主要归功于游戏产品消费的增长，90%的泰国游戏产值来自消费者购买游戏的商品，以及消费者通过移动平台下载游戏的付费。由此可见，移动支付的普及对游戏产业的发展十分有利：一方面，其降低了付费门槛，使消费者能够在游戏中利用移动支付进行充值，购买装备、道具等，提升付费转化率；另一方面，对游戏公司而言，也降低了支付渠道及支付数据的获取成本，从而更容易获取玩家消费倾向的数据，从而进行下一步的布局。

2. 以手机游戏为主

泰国被认为是东南亚地区的"移动游戏第一国"，属于典型的移动优先的国家，智能手机和其他移动设备的使用量大大超过了台式电脑的使用量。据德国 Statista 进行的一项调查结果显示，手机是泰国人民最常用的上网设备。截至 2020 年，泰国总共有 7000 万左右的人口，智能手机普及率占泰国人口的 77%，即约有 5390 万人通过手机访问互联网。预计到 2026 年，泰国将有近 6000 万智能手机用户。

2022 年，根据 Newzoo 调研结果显示，在泰国，有 95% 的游戏玩家用移动设备玩游戏，其中，女性游戏玩家在移动设备上玩游戏的占比略高。另外，有 88% 的电子竞技爱好者选择在移动设备上观看游戏直播。泰国网络用户日均在线时长超过 6 小时。泰国已成为互联网企业争相入局的一个蓝海市场。

这一切都得益于移动设备和技术的发展。根据调研发现，泰国智能移动设备供应商以苹果、三星两大品牌为主，两者均占据 20% 以上的市场份额。好的移动设备品牌是对游戏产品性能的有效保证，流畅的系统、高清的分辨率和先进的交互设计都有利于玩家获得更好的用户体验。在移动互联网方面，泰国移动运营商在 2020 年已实现了 4G 网络覆盖，并不断升级网络，着力于在主要城市推出 5G 服务。移动网络覆盖范围越来越大，使用移动互联网的用户数量与日俱增，移动设备硬件性能的改善，再加上高速的移动互联网，共同推动着泰国游戏、通信、音频视频、社交平台等服务内容的发展。

3. 政府对电子竞技发展的重视

泰国游戏产业正进入从娱乐游戏向职业电子竞技体育发展的转变期。这种转变包括将业余爱好团队升级为职业电子竞技团队，增加半职业级别和职业级别的比赛次数，促使资金流向与举办电子竞技比赛直接相关的产业。

随着泰国游戏市场的稳步发展，电子竞技在过去几年越来越受欢迎。2017年，泰国将电子竞技列为体育项目，纳入国家体育发展计划，并批准成立泰国电子竞技联盟。2019年，泰国政府计划在全国范围推广电子竞技。2021年，泰国正式承认电子竞技为泰国职业体育项目。

2020年，为规范网络游戏和电子竞技，泰国发布了《游戏业务监管条例草案》。该草案有三个主要原则：一是制定电子竞技比赛的安全标准并保护未成年人的游戏行为；二是设立公众会议论坛，区分游戏相关概念；三是对泰国游戏玩家的行为进行监督。该草案的出台意味着政府已经开始重视游戏和电子竞技的相关立法，是游戏产业法律、法规进步的一种体现。

目前，泰国政府正在加大力度扶持泰国本土游戏服务供应商，为其提供援助和税收优惠。游戏产业和电子竞技在经济上可观的前景还刺激了一些新职业的产生，如电竞比赛解说员、评论员、裁判和流媒体服务等。泰国政府充分肯定了这种增长的潜力，给予的支持力度加大，并通过升级系统来助力电子竞技市场的发展，以期创造新的就业机会和实现可持续的经济增长。此外，泰国体育管理局、泰国旅游体育部已和"东南亚游戏巨头"Garena 签署合作书，共同致力泰国电子竞技产业的发展，将泰国打造成为东盟电子竞技赛事中心。

2019 年，泰国最大的全球移动通信系统运营商 Advanced Info Service（AIS）开始举办游戏博览会，这是泰国最大的一场游戏盛宴。会展摊位上出售各种游戏设备、游戏周边产品；众多知名游戏主播举办粉丝见面会；每一位游戏玩家可以选择参加电竞比赛，赢得奖金、奖品；还举办与游戏相关的 Cosplay 大赛、音乐会等，形式丰富多样。这为泰国营造了一个浓厚的游戏氛围，掀起一阵阵游戏热潮。

当前，曼谷大学、斯利帕图姆大学、泰国商会大学等高等教育机构均设有电子竞技课程，以期培养出更具竞争力的游戏玩家参与国际竞争。另外，泰国正逐渐重视电子竞技职业化发展，如培养职业选手、组建职业战队、举办和参与职业电竞比赛等，使得泰国职业战队的电竞能力快速提升。在东南亚运动会《王者荣耀（海外版）》项目的比赛中，泰国战胜印度尼西亚夺得金牌，这对于泰国的电子竞技职业发展来说无疑具有里程碑的意义。

二、中国网络游戏出海泰国情况

2018 年，"一带一路"沿线 65 个国家和地区的 App 下载量总量占全球 40% 以上，远超全球平均增长幅度。App 用户支出总量占比虽然还不到 10%，但比 2017 年增长了 23%，发展势头愈来愈旺。这些国家和地区是中国游戏公司海外发展的目标用户，尤其是东盟10 国。

据 App Annie 2022 年最新数据，从应用下载量、用户支出、用户活跃度及广告支出等方面来说，在疫情发生之后，全球市场整体趋势仍然是不断前进的。泰国免费下载榜单 TOP 100 应用总数占78%，其中游戏下载占22%。应用类别共涉及18个，其中，娱乐类、通信类和工具类占比最大；其次为摄影类，占比11%。榜单上游戏类别共9个类型，动作类占比最大，高达7%。其中，中国游戏企业旗下产品共23款，应用类占18款，游戏类占5款。TOP 100 应用榜单中的中国应用占53%，超过一半。

游戏 TOP 100 下载榜单占比最大的5类游戏依次为动作类、休闲类、赛车类、街机类和模拟类游戏。其中，泰国占比最大的是动作类游戏，为30%，比印度尼西亚市场高10个百分点，比菲律宾市场低3个百分点。休闲游戏在泰国市场的表现也不错，在印度尼西亚市场占比为16%，在菲律宾占比为8%。相比印度尼西亚和菲律宾两个市场，模拟游戏在泰国市场更具优势。在占比最大的动作类游戏中，中国游戏占比超过26%。在最高下载量的游戏中，有2款中国游戏，分别为《无尽对决（海外版）》和《和平精英（海外版）》。

综上所述，泰国当前已是中国游戏出海东南亚的重要国家。早期，金山软件公司的网络游戏已正式进入了泰国市场。如今，腾讯、网易等头部游戏公司也在积极开拓泰国市场，并初见成效。

三、中国网络游戏出海泰国的策略和建议

1. 内容创作融入泰国文化元素

虽然在中国游戏出海泰国的过程中，已经针对不同的市场环境对游戏内容进行了本土化的改造，但这些改造工作并没能深入探究泰国本土的文化特色，只是停留在游戏娱乐功能表面的改动。众多泰国游戏受访玩家都明确表达了希望能在中国网络游戏里看到更多的泰国元素。因此，在全球本土化背景下，游戏产业的跨文化传播

应注意增加内容创作的本土化意识。在游戏设计和运营方面，应扎根泰国本土文化的土壤，针对受众的心理、情感构建、设计出具有"泰国味"的元素。

全球本土化的实践是一个相当复杂的过程，提升内容创作的本土化意识需要相关游戏公司对不同国家的海外市场有一定的整体了解。中国游戏出海泰国，语言本土化是首先要攻克的难关。泰语是泰国的官方语言，也是当地民众使用最多的语言，若游戏让玩家统一使用英语进行沟通，对于习惯使用泰语的玩家来说服务体验和游戏体验就会比较差，而且还很容易造成沟通障碍、误解和纠纷。另外，还要注重语言的翻译问题，尊重泰国玩家的文化信仰，而善用本地员工可以避免触及这些语言误区和宗教忌讳。此外，还有必要认真分析泰国玩家深层的文化背景和游戏需求，瞄准他们所在意的文化共性，以协调本土复杂的多元文化。

2. 注入中华民族文化特色

中国历史文化底蕴内涵丰富，很多具有中华民族文化特色的历史文化遗产和艺术瑰宝都可以融入游戏内容的制作中，将中华民族的文化风情传送出海，提升我国在世界上的影响力。

此外，乐器、戏曲等也是中华民族文化特色的重要体现，完全可以应用于游戏产品的音画中。值得注意的是，我国游戏在对外传播中普遍存在重传统而轻当代的问题，这是不妥当的。我国不仅历史文化悠久，现当代文化也充满生机与活力，因此要对弘扬当代中华民族精神的人物、故事等现实主义题材内容进行挖掘，跳出只讲述历史的文化怪圈，开发能讲述现当代中国故事的游戏产品，以形成更为多元化的中华文化符号。

3. 完善海外支付平台

泰国游戏玩家的付费意愿和付费能力在东南亚各国游戏市场属中等偏上的水平。在拥有良好付费习惯的玩家群体的推动下，泰国游戏市场的红利一直保持较高水平。除了 Google Play 和 App Store 官方支持的付费接口，泰国玩家用户还通过预付费充值卡、运营商支付和电子钱包三种方式进行游戏充值。目前，泰国最主流的游戏支付方式是购买预付费充值卡和电子钱包消费，而常见的电子钱包有 Paysbuy、Linepay 和 Truemoney 等。虽然腾讯旗下的 WeChat 和阿里旗下的 Alipay 等跨境支付钱包也可以在泰国使用，但覆盖率较低，游戏支付方式上接入跨境支付钱包的企业相对较少，因此有必要完善海外支付平台。出海游戏公司应加强与当地支付平台的合作，完善交易系统，规范操作流程，同时在监控管理方面取得银行等相关部门的支持。

4. 制定本土化的发行策略

在推动游戏出海的过程中，难免会出现不同国家不同风俗文化影响下的"文化折扣"现象，因此，有关游戏公司要有针对性地制定不同国家本土化的发行策略，照顾到不同国家地区民众不同的信仰、文化习俗等特点。泰国佛教文化兴盛，因此在游戏推广与发行的过程中要特别注意对佛教形象的尊重与保护；而大象在泰国地位极为神圣，因此不可随意在宣传与推广中出现大象形象；鹤与龟在中国文化里有着延年益寿的寓意，但在泰国却是一种忌讳，其寓意与我们中国大相径庭；此外，中国视数字"6"为"顺利"之意，而在泰国，"6"是"倒下、落后"之意等，这些都是值得注意的。

只有了解出海目标国家的文化特点，游戏产品才能得以顺利推广与发行。可见，游戏产品的本地化要做出效果，需要游戏公司花大量时间和精力去调研游戏的研制、开发、发行、宣传等方方面面，从而有针对性地制定发行策略。

另外，还需要注重品牌建设，在投放策略、渠道选择上做到精细化。要注重海外发行决定点的平衡性——游戏开发和市场先机之间的平衡、全球化和本地化之间的平衡、自发行和代理发行之间的平衡等。在游戏里，很多元素是统一的，需根据不同国家的市场条件，运用产品运营、发行、品牌等不同的策略，在全球化统一和本地化之间寻找平衡。

最后，还要注重与当地文化习俗相结合。要先评估当地有哪些重要的节假日，以制定相应的传播策略，比如与当地社交媒体进行联动、增加玩家黏性、带动更多的潜在玩家用户进入游戏等。

第四节　越南游戏产业发展现状及传播策略

一、越南游戏产业发展现状

截至2018年底，越南总人口为9467万人，以京族（也称"越族"）为主体民族。越南官方语言为越南语，少部分人会讲英语。越南民众主要信仰佛教。越南国内生产总值约为2449.48亿美元，人均 GDP 为2564美元。

在社会文化习俗方面，越南受我国影响较大，与我国在价值观、节庆安排等方面存着一定的相似之处。例如，越南社会的主导思想是传统儒家思想和东方价值观，越南人民每年也习惯过春节和中秋节。

越南目前的国内生产总值和人均 GDP 虽然还不是很高，但已经是东南亚一个重要的游戏市场。越南网络游戏市场被认为是"全球第四大网络游戏市场"。2019 年，经研究亚洲游戏市场的 Niko Partners 公司估算，越南端游市场的总收入约为 4.78 亿美元。

越南游戏市场虽然巨大，但是本地游戏占有率却不足一半，国外游戏产品占有率在 50% 以上，其中中国游戏产品占比最大，武侠题材、角色扮演类的网络游戏最受玩家青睐。根据越南著名游戏媒体 GameK 的调查数据显示，越南玩家最喜欢的游戏类型为大型多人在线角色扮演游戏、卡牌对战游戏和带有中国、日本动漫元素的动作角色扮演游戏。

越南游戏市场繁荣的背后是玩家巨大的消费潜力。2018 年底，越南游戏用户超过 3000 万人，约占越南总人口数的 35%。越南智能手机用户发展极快，目前已有 90% 的覆盖率。越南移动市场的一大优势是低廉的网络资费、快速的网络和高覆盖范围的 Wi-Fi 网络，且几乎免费使用。因此，越南游戏市场的人口和技术条件比较优越。

越南网络游戏的起步时间要晚于中国。在越南网络游戏市场的早期发展过程中，中国游戏公司的参与起到了重要作用。越南尚未形成网络游戏市场时，游戏类型以单机和街头游戏为主，这让一些中国游戏公司看到了越南游戏市场的发展潜力。2004 年，金山软件公司开发的《剑侠情缘（网络版）》首先进入越南。当时，《剑侠情缘（网络版）》在线人数最高突破 5 万人，引起了越南游戏市场的震动。之后，伴随着更多国外游戏公司的进入，极大地推动了越南游戏市场的发展。

据媒体统计，在越南网络游戏市场中，80% 以上游戏产品来自中国，且这一比例还在继续扩大。《越南之声》曾报道，中国和韩国是越南游戏的两大来源国，目前中国和韩国的网络游戏市场已经饱和，特别是客户端和网页游戏市场，两国一些游戏企业正努力扩大国外市场，而越南则成为扩张对象。

由于国外游戏在越南的强势地位，越南本地游戏公司更多是选择成为游戏的代理商，这在一定程度上限制了越南本土游戏市场的发展。为扭转这一态势，2010年，越南政府颁布了禁令——禁止网吧在夜间营业。同年，越南政府又颁布新的法令，限制发放游戏许可证，对游戏企业审批一律驳回，从而限制了国外游戏公司在越南拿到经营权。2020年，越南政府进一步修改关于互联网服务管理的法令草案，使得包括中国游戏公司在内的一些国外游戏公司进入越南游戏市场越发变得困难起来。

二、中国网络游戏出海越南情况

2010年，移动互联网在越南开始普及。对于越南用户来说，手机最初的主要作用在于社交和浏览新闻。随着手机使用群体的低龄化、各式各样智能手机的推出、手机价格的低廉以及各种类型手机游戏的推陈出新，改变了往常通过社交软件进行社交的模式，玩家在利用手机玩游戏的同时也进行社群交往。目前，越南已经成为全球手机游戏市场增长最快的国家之一。

越南手机游戏市场的爆发可追溯至2013年5月推出的 *Flabby Bird*。该游戏发行之初并未引起太大反响，但到了2014年却登顶各大手机应用商城软件下载排行榜的榜首，下载总量超过5000万次。这款游戏可以说是越南自主研发手机游戏的里程碑。自此之后，越南本土游戏市场再未出现获得骄人成绩的类似游戏。

当前，越南游戏依然是以引进为主，其中就不乏来自中国的手机游戏。越南手机游戏主要发行公司有 VNG、SohaGame、VTC、

Gamota、Garena。其中，VNG 是越南最大的一家互联网公司，其业务范围覆盖广，包含手游、PC 端游戏、电商及支付业务等。越南游戏业务收入的 75% 来自发行游戏收入。SohaGame 主要发行多人在线角色扮演类游戏、策略类游戏、休闲类游戏。VTC 目前已将业务重心转移到自主研发游戏上，发行游戏业务降到了整体游戏业务的一半。在 VTC 发行的海外游戏中，中国游戏占比达 90%。而 Garena 是一家总部位于新加坡的公司，在东南亚游戏市场有着较强的发行能力，同时也是越南第二大游戏发行商。

在越南手机游戏市场，扮演类游戏、策略类游戏、竞技类游戏、休闲类游戏、棋牌类游戏占据主导地位。中国游戏公司制作的游戏在越南很受欢迎，市场影响力较大，其原因在于中国网络游戏已经在越南的玩家心目中树立了良好的口碑，且玩家已经熟悉中国网络游戏的风格和玩法。例如，《王者荣耀（海外版）》《无尽对决（海外版）》等中国游戏在越南市场十分受玩家的欢迎。

三、中国网络游戏出海越南的策略和建议

越南与我国广西等省区相接壤，自古以来两国人民交往频繁，不仅促进了两国的经贸往来，也加深了两国人民在文化上的共通。越南是以京族（也称为"越族"）为主体民族，是一个多民族混合的国家。在历史上，越南长期受到我国儒家传统思想和东方哲学价值观的熏染，在文字、节庆、审美等方面与我国高度契合。越南还实行社会主义制度，且已确立了社会主义市场经济体制，在法律政策的制定上也常借鉴我国一些法律政策的制定。例如，越南政府在对文化产品的管理上就实行类似于我国的审查审批制度。

尽管越南政府限制国外游戏公司在越南直接经营游戏业务，但是通过与越南本土游戏发行公司建立的合作关系，仍然可以保证我

国一些出海游戏业务的正常开展。即使是在不利的条件下，我国游戏出海越南仍然取得了很好的成绩。

我国游戏产品在越南市场具有独特的优势。第一，由于地理和文化上的接近性和亲缘性，越南当地游戏玩家天然就能理解和接受我国大部分游戏产品的背景设定、美术风格和活动策划等环节，相较于美国、日本和韩国等国家的游戏，这是我国游戏产品的巨大优势所在。第二，我国是最先开拓越南游戏市场的国家，相较于其他国家，游戏产品具有先发优势，在越南本土化传播、营销等运营经验较丰富，也可形成持续优势。

尽管我国游戏产品在越南市场具有较大竞争优势，但也存在着不可忽视的不利条件。自20世纪70年代至今，我国和越南就边境和领土问题产生过多次冲突，在越南政府的宣传下，我国在当地民众心目中的形象难免受损，继而给我国游戏产品在当地的推广造成一定障碍。基于这种情况，我国游戏公司在开拓越南市场时，不仅要注意遵守当地的法律政策，还要绕开一些敏感的历史问题和政治问题，避免引起当地玩家的反感。

近年来，越南政府为了保护本土游戏产业，提高了外来游戏的进入门槛，想要在越南游戏市场取得一定的成绩已不再是一件简单的事。中国游戏想继续受到越南玩家的欢迎，要做好以下几点：第一，语言本地化，加入如传统中国美学元素、含有中华特色的内容符号等中国元素；第二，着重打造游戏的多人社交和娱乐互动功能，这样才有可能在越南游戏市场上繁荣更长的时间；第三，不断革新越南手机游戏市场，游戏的社交性和竞争性已成为当今年轻玩家游戏体验的重要内容，因此应重视举办一些电子竞技等比赛项目，以吸引玩家的进入。

综上所述，我国游戏公司应该继续深耕越南游戏市场，发挥我国游戏产品的技术优势和文化优势；同时也要遵守越南当地的法律政策和尊重当地的民俗习惯，避免触碰一些敏感的历史问题和政治问题；最后，不管多好的游戏产品出海都要从传播和营销等角度做好本地化工作，以期获得更好的出海成绩。

第五节　印度尼西亚游戏产业发展现状及传播策略

在东南亚地区，主要的老牌游戏市场是新加坡、马来西亚、泰国、越南，近几年来，印度尼西亚和菲律宾也越来越受到重视。印度尼西亚是东南亚第一大经济体，也是东南亚国家第一人口大国，拥有人口约2.7亿（2020年）。随着印度尼西亚互联网的发展，印度尼西亚游戏玩家数量逐渐跻身东南亚第一。

印度尼西亚有着近2000万华人，是世界上华侨最多的国家。印度尼西亚的人口结构相对来说较为年轻，受中国文化影响较大，对中国游戏的接受度也较高。但因为历史上"排华事件"的影响，印度尼西亚对中国游戏的进入抱有警惕的态度。印度尼西亚是全球发展最快的移动应用市场，而游戏又是印度尼西亚发展最快的细分行业。作为东南亚最大的游戏市场之一，印度尼西亚的游戏产业发展态势良好，拥有巨大的发展潜力。

一、印度尼西亚游戏产业发展现状

印度尼西亚虽然是东南亚最大的经济体，但由于自身实力有限，国内面临众多的问题。印度尼西亚在历史上从未形成过大一统国家，众多岛屿至今仍分布着不同的部落或邦国，也没有形成强大的主体民族。印度尼西亚虽然有约2.7亿人口，却有着300多个不同的民族，单一最大民族爪哇族的人口占印度尼西亚总人口的比例只有45%，连一半都不到。印度尼西亚在民族政策方面奉行大爪哇主义，国家大量的资源都集中于爪哇岛，面积较小的爪哇岛上却集中居住了印度尼西亚一半以上的人口，且岛上有雅加达、万隆和泗水等重要城市，是印度尼西亚的政治和经济中心。目前，很多游戏竞技赛事都在雅加达、泗水这些大城市举办。

印度尼西亚本地游戏开发商整体实力较弱，市场份额占有率不足1%，印度尼西亚游戏市场极度依赖海外游戏公司。印度尼西亚政府组织创意经济局将游戏产业列为优先发展的领域之一。印度尼西亚最大的电信运营 Telkom 与 Bekraf 合作推出了创业孵化器"Bekup"，以加快印度尼西亚本地游戏开发生态系统的构建。

随着智能移动设备的普及，手机游戏日益成为印度尼西亚游戏市场的主导。据 IFCCI 数据，2019年，印度尼西亚已占据了东南亚手机游戏市场的18%。印度尼西亚手机游戏市场的收入大幅增长，进入高速增长期。

在印度尼西亚的游戏玩家中，91%为男性，其中87%在24岁以下，这说明印度尼西亚绝大多数游戏玩家为年轻男性。此外，女性玩家占9%，这说明印度尼西亚的女性游戏市场有着极大的发展潜力。从印度尼西亚互联网的发展状况来看，女性游戏玩家的规模在持续扩大。

二、中国网络游戏出海印度尼西亚情况

根据 Sensor Tower 于2019年10月对外公布的数据显示，印度尼西亚下载量排名前三的游戏类别为动作类、休闲类和街机类。

在收入榜上，中国手机游戏产品在 TOP 20 中占据了11款，而

美国和俄罗斯分别仅有2款入围。新加坡的手机游戏 *Free Fire* 排名第一，第二名至第七名均为中国手机游戏。其中，位列第二的《无尽对决（海外版）》在 App Store 和 Google Play 上均获得3200万次下载量，紧跟 *Free Fire* 之后。这说明中国手机游戏在印度尼西亚市场得到了较多玩家的认可，有着非常大的发展潜力。

2020年1月，据 Sensor Tower 发布数据显示，《无尽对决（海外版）》市场份额持续增长，下载量超过2.8亿次，其中，印度尼西亚市场贡献了超过1亿次的下载量，《无尽对决（海外版）》成为印度尼西亚名副其实的"国民游戏"。

知名游戏公众号"手游那点事"采访了上海沐瞳科技有限公司驻印度尼西亚负责人 Caya。在采访中，Caya 说："我们现在全球'月活'人数有9000多万，大部分集中在东南亚，约占三分之二。整体来说，东南亚人口众多、人群年轻、经济增长快速、移动互联网普及，这里的网络状态还算是不错的。但细分来看，几个国家的特点不一样。比如泰国、越南的文化更接近中国的儒家文化；菲律宾的文化更偏向美国；印度尼西亚、马来西亚实际上是穆斯林群体，人口多但线上娱乐内容少。当然，它们也有共同特点，就是受西方社交平台的直接影响比较深。""近两年中国游戏开发商在东南亚的重点已经开始从泰国、越南、新加坡、马来西亚转移到菲律宾、印度尼西亚，这些国家的游戏公司越来越多。我记得2018年刚到印度尼西亚的时候，头部游戏至少一半是日韩公司产品。但今年位列畅销榜 TOP 10 的有八款是中国开发的产品。无论是传统的厂商，还是新兴的厂商都已经进入市场，竞争变得越来越激烈。除了泰国和越南，我们的游戏都在下载榜、畅销榜前列。而在印度尼西亚、菲律宾、马来西亚、缅甸，我们的游戏也都算是国民级别的游戏，在玩家中的知名度非常高。"

Caya 还指出，上海沐瞳科技有限公司非常重视聘用印度尼西亚本地员工。他说："现在，我们在印度尼西亚的公司员工超过 50 人，包括客服、社区、市场、赛事等职位人员，这些部门基本上都是本地人。中国员工更多的是赋能和指引。本地员工能适应中国的工作方式，同时有些也会说中文。他们跟中国员工在思维方式和工作习惯方面存在着很多差异，可能需要花时间去磨合，但我觉得培养当地员工更重要。"抛开上海沐瞳科技有限公司是否借鉴了腾讯的运作模式不说，其海外推广、运营经验确实值得很多游戏出海公司学习。

三、中国网络游戏出海印度尼西亚策略和建议

在庞大的用户基数及移动互联网渗透率不断提高的情况下，未来，印度尼西亚游戏产业势必稳步增长。2022 年，印度尼西亚移动游戏市场规模达 9.07 亿美元。处于快速增长期的印度尼西亚游戏市场值得我国游戏公司重视。

1. 适应当地设备

中国游戏出海首先必须考虑设备的适配问题。据统计，印度尼西亚大部分手机用户使用的都是低端手机，因而出海前在进行游戏设计时需要在技术上进行改良，以保证印度尼西亚的玩家即便使用低端手机也能顺利加载及运行游戏，从而优化游戏体验感和提升满意度。以《无尽对决（海外版）》为例，在游戏出海时，游戏公司针对当地移动设备和网络速度的现状，利用网络技术设计了很多小的下载包，使玩家在没有 Wi-Fi 网络的情况下也能够迅速下载游戏。如果不能做到这一点，即便游戏设计得再好玩，也只能在一小部分移动设备上运行，进而对游戏的推广与发行造成极大的影响。

2. 融合当地文化

每个国家和地区都有着不同的历史文化，只有深入了解当地的习俗、语言、文化，开发的游戏才能够吸引当地玩家，获得好感。印度尼西亚是一个文化多元化的国家，存在着差异较大的宗教背景及多种本地语言，许多游戏玩家甚至拥有自己的亚文化圈层。因此，出海印度尼西亚的游戏公司应雇佣一些了解这种亚文化圈层的本地员工，通过他们学习如何有效地利用本土资源进行游戏的推广和运营。中国游戏公司应在出海游戏中内置印度尼西亚本地客服，关注印度尼西亚本土节日，从而推出相关宣传活动。另外，游戏版面 UI 的设计也应适应当地风格，等等。

值得一提的是，由于印度尼西亚民众的英文水平并不算太高，语言本地化是游戏出海印度尼西亚的重点。印度尼西亚人大多讲的是印度尼西亚语，词缀十分丰富。此外，语言本地化不仅指的是翻译的准确与否，更重要的是契合语言习惯。因此，游戏出海需要关注游戏界面上的语言表达形式，主动迎合当地玩家的表达习惯。

中国游戏公司还可以考虑在出海游戏中植入拥有印度尼西亚文化背景的英雄角色。例如，在《无尽对决（海外版）》中就有一位很受玩家喜欢的英雄角色——GATOTKACA。这位英雄是印度尼西亚的历史名人，他的形象由印度尼西亚本土的一位漫画家所创作。《无尽对决（海外版）》的制作公司上海沐瞳科技有限公司为此支付了专门的版权费用，并申请了相应的版权归属证明。该英雄角色在游戏中的出现，使得当地媒体加大了对这款游戏的报道力度，这样一来，上海沐瞳科技有限公司无需进行额外付费便获得了良好的宣传效果。

3. 优化付费流程

据有关调查结果，印度尼西亚的游戏玩家不喜欢为了在游戏中取胜而付费，游戏公司在进行出海游戏设计时应特别考虑这一点。运营商需要找到更好的方法来刺激玩家消费，培养玩家的付费习惯；同时，还应重点关注客服环节，针对玩家的评论进行改进。关于付费流程，游戏公司首先应意识到游戏内支付系统支持本地支付的重要性；其次，当玩家进行充值时，要让他们无须改变支付习惯，即用已有的支付方式便可付费，这是优化付费流程的一个关键。印度尼西亚的在线支付市场相较其他东南亚国家更为复杂，根据游戏类型及用户群体提供合适的支付方式也是本地化运营的重中之重。在这方面，本地支付提供方 Payssion 是值得学习的榜样。Payssion 做到了无需改变用户的支付习惯，支持使用本地货币付款并且能够覆盖没有信用卡的用户，操作起来更加简单、方便，给游戏玩家带来了极大的便利。

4. 拓展电竞产业链

如今，中国互联网产业正向东南亚国家潜移默化地扩大着自己的影响力。由于印度尼西亚拥有较大的游戏用户基数，随着互联网技术的不断更新，电子竞技随着中国游戏一同出海印度尼西亚，开拓和填充了新的市场空间，搭建了以游戏产品为核心的赛事体系，使得印度尼西亚电子竞技这条产业链正式成型并得以发展。电子竞技赛事对游戏运营来说大有裨益，可以刺激游戏的热度并延长其生命周期。《无尽对决（海外版）》就是一个成功的例子。上海沐瞳科技有限公司成功将该游戏官方职业联赛 MPL 引入了东南亚地区。MPL 职业联赛设置了极为完善的赛制方案和极为丰厚的奖金，吸引游戏玩家积极参与。对于电子竞技的参赛选手而言，参加比赛不仅能拿到不菲的奖金，还可以为自己积累大量粉丝，甚至获得广告代言和其他商业机会。此外，电子竞技赛事的蓬勃发展还可以有效带动直播行业的兴起，进而催生网红经济，刺激用户进行消费，形成一个较为完整的游戏生态圈。中国出海游戏公司可以从生态圈中的每一个环节获得借鉴，从而进行市场的开拓。

总之，印度尼西亚庞大的人口红利及对海外游戏市场的高度依赖，对于中国出海游戏公司来说都是利好的。当然，印度尼西亚游戏市场虽说与中国有着许多共性，但因印度尼西亚地理、文化、人口等方面又有其特殊性，中国游戏公司在出海印度尼西亚前必须对这个广阔的市场进行细致、充分的调研，洞悉印度尼西亚游戏市场的发展现状、特点、趋势及用户画像，如此才能做好相关战略部署，抢占市场份额。

第六节　菲律宾游戏产业发展现状及传播策略

一、菲律宾游戏产业发展现状

在东盟十国中，新加坡、马来西亚、泰国、越南是传统而重要的游戏市场。印度尼西亚和菲律宾因人口众多，近年来日益受到重视。在一些英文文献里，这六个国家被称作"东盟游戏市场的 Big Six"。因缅甸、文莱、老挝、柬埔寨的游戏市场规模过小，有关研究相对较少。

菲律宾是东盟创始成员国之一。菲律宾历史上曾先后是西班牙和美国的殖民地，其社会文化在长期的殖民统治下颇具欧美风格。

语言文化和生活习俗的多元化，使得菲律宾的经济产业发展始终处于错综复杂的现实境地中。此外，由于历史渊源、现实地缘、政治博弈等因素，菲律宾与美国关系紧密，有学者称其为"美式民主在亚洲的窗口"。菲律宾是中国邻国，两者和平与矛盾交错并存，加上近年来南海问题不断，中菲关系并不理想。

　　菲律宾素有"社交媒体之都"之称，其民众的社交媒体使用习惯相当成熟，对新媒介技术的接纳程度较高。早在2008年，由广告市场研究公司环球麦肯发布的全球社交媒体调研报告 Power to the People 就表明，菲律宾民众的社交媒体使用时长位居世界前列。菲律宾社会相对成熟的社交媒体使用习惯无疑为游戏产业的落地生根孕育了良好、适宜的大环境。游戏产业得以借助 Facebook 等社交媒体平台进行造势和营销，超七成民众的手机都安装有游戏类App。根据 Hootsuite 和 We Are Social 于2021年1月发布的年度统计数据报告 Digital 2021（Philippines）所显示，16岁至64岁菲律宾的普通民众日均游戏时长为1.31小时，有72.1%民众的手机中装有游戏类 App，该比例位于社交网络类（98.2%）、娱乐视频类（92.6%）与购物类（85.2%）之后。

　　不同于欧美等发达国家的互联网演化逻辑，包括菲律宾、印度尼西亚在内的东南亚国家并未经历普及化的 PC 互联网时代，便直接进入了移动互联网时代。中国移动互联网产业所创造的奇迹使得菲律宾见证了伴随着移动互联网汹涌而来的手机游戏市场前景是多么的广阔。据全球游戏市场分析公司 Newzoo 与 Gamescom Asia 于2020年联合发布的统计结果显示，在东南亚国家的城市人口中，有82%的网民是游戏玩家，而移动设备是该地区最受欢迎的平台。移动优先（Mobile-First）的逻辑鲜明地体现在东南亚地区的互联网市场上。从细分游戏平台而言，东南亚移动游戏终端占比为80%，PC

游戏终端占比为69%，主机游戏占比为57%。

来自 Newzoo 的数据显示，有74%的菲律宾网民是移动游戏玩家，65%为 PC 游戏玩家，45%为手机游戏玩家。菲律宾游戏玩家在平台选择上的性别差异并不大。2019年，菲律宾4300万游戏玩家在游戏上花费了5.72亿美元，一跃成为全球第25名游戏收入市场，也是东南亚游戏市场的主要驱动力。

二、中国网络游戏出海菲律宾情况

中国游戏目前占据了菲律宾各种游戏排行榜的榜首，腾讯的《和平精英（海外版）》和上海沐瞳科技有限公司的《无尽对决（海外版）》长期位于各游戏排行榜的一、二名。App Annie 的《2021移动游戏报告》从月活跃用户数、下载量和用户支出三个指标反映了菲律宾手机游戏市场在2020年的整体表现。根据 App Annie 报告显示，在菲律宾最热门的游戏当属《无尽对决（海外版）》。2020年，该游戏在月活跃数、下载量和用户支出三方面的数据均为最高。此外，中国游戏公司推出的《万国觉醒》等游戏在菲律宾玩家群体中也有不俗的表现。热门游戏榜单的构成表明，菲律宾游戏玩家偏爱即时对战，以战术竞技与 MOBA 为代表的竞技类游戏在游戏市场中居于领先地位。

从游戏市场的占有率来看，菲律宾本土游戏开发商的表现乏善可陈，不仅入局手机游戏市场的时间滞后，且受本国脆弱的移动网络建设条件和游戏研发能力所限制，国民所热衷的游戏普遍来自国外游戏公司所开发。许多来自中国的游戏公司均在菲律宾的热门游戏市场中占有一席之地。

Newzoo 公司在分析东南亚游戏市场时曾这样说：无论从任何角度观察，东南亚的游戏生态系统在世界上都是独一无二的，该地区的每个主要市场都完全不同，但是，却有一条主线贯穿整个地区，即游戏偏好方面的移动优先。因此，菲律宾游戏产业市场可能远比行业统计数据所显示的复杂。对于选择出海的中国游戏公司而言，究竟采用何种策略才能在菲律宾渐趋激烈的游戏市场竞争中站稳脚跟，是不得不反复考量的重要问题。

三、中国网络游戏出海菲律宾的策略和建议

2019年11月30日至12月10日，第30届东南亚运动会在菲律宾举行。这届运动会的不同寻常之处，在于电子竞技首次作为正式奖牌项目被纳入东南亚运动会，《无尽对决》被列为第一个确认入选的比赛项目。这是继2018年电子竞技在亚运会上作为表演项目登场之后，电子竞技首次作为正式比赛项目出现在大型综合性体育运动会上。2021年，在越南胡志明市举办的第31届东南亚运动会上，设有《英雄联盟》《王者荣耀》《无尽对决》及《穿越火线》等8个科目共计10个游戏竞技项目。电竞赛事和游戏运营是相辅相成的，电竞赛事可以刺激游戏的热度、延长游戏生命周期。《无尽对决（海外版）》的电竞赛事MPL已在东南亚缔造了一个产业帝国，是东南亚电竞赛事尤为关键的推动者。电子竞技游戏逐渐摆脱污名化，并首先在东南亚国家的综合性体育赛事上登场，这反映出东南亚各国社会文化对游戏的认可，以及对电竞产业未来广阔市场前景所持的乐观态度。

一方面我们看好菲律宾游戏产业的发展前景，但另一方面中国游戏在规模化出海时始终面临一些现实的困境与难题，尤其是东南亚地区普遍存在的网络问题。《2020中国手游出海入门白皮书》列举了中国出海游戏常见的三大网络问题：游戏下载断流问题、游戏过程卡顿问题及海外网络安全问题（DDoS攻击）。尽管菲律宾的社

交媒体使用时长在全世界处于领先地位，但菲律宾在网速与可靠性等方面却落后于邻国。不仅如此，包括菲律宾在内的东南亚国家所面临的最大问题同样也是基础设施不够完善，移动互联网发展尚处于初级阶段，难以充分满足这些国家游戏产业快速增长的软硬件需求。因而，中国出海游戏公司必须重视完善服务器配置与软件优化等，充分体现用户思维。

其次，本土化人才的缺乏也束缚着中国出海游戏在菲律宾的进一步发展。如何根植当地的运营与维护，使游戏真正契合出海国的社会文化心理，成为中国出海游戏公司迫切需要解决的一大难题。借鉴一些成功的做法或可提供一种破局思路。如《无尽对决（海外版）》在菲律宾推出了迎合当地观众的英雄角色 Lapulapu（一位菲律宾历史上抗击殖民入侵的英雄人物），以此作为民族或国家的象征符号。这一本土化角色在电竞赛场上引起了玩家的情感共鸣，进而增进了玩家对游戏的文化认同感。

最后，进一步探索商业模式。"造节运动"已经成为中国手机游戏提升收入和进行宣传的有效手段，这一商业模式同样被推广至海外。例如，在"515 eParty"预热和系列活动的带动下，《无尽对决（海外版）》收入在2021年4月实现了40.6%环比增长的基础上，于同年5月再度上涨32%。"造节运动"不仅是一种营销逻辑，其背后渗透出的还是中国游戏公司出海后打造群体文化的尝试，即基于一些节日庆典活动建立玩家社群的共享文化和心理认同。当游戏作为一种互动媒介深度嵌入当代社会生活，并在经济发展循环中占据着重要一环时，游戏也同样可以作为"文化使者"在国际传播中承担起"讲好中国故事"的使命。

第五章

中国游戏出海东盟的
典型案例分析

　　了解中国出海游戏的主要类型，可以从宏观上把握中国游戏出海的情况，对于研究中国游戏出海具有重要作用。传统网络游戏一般分为 MMORPG 大型多人在线角色扮演游戏（如《魔兽世界》《传奇》《梦幻西游》《天龙八部》等）、MMOFPS 大型多人在线第一人称射击游戏（如《反恐精英》《使命召唤》《穿越火线》《绝地求生》等）、MOBA 多人联机在线竞技游戏（如《英雄联盟》等）。进入移动互联网时代，中国出海游戏以手机游戏为主，其中又以 MOBA 类游戏与 MMOFPS 类游戏等为主。

　　2021 年，东南亚移动游戏市场收入为 27.9 亿美元，同比增长 15.4%，其中 Google Play 与 App Store 平台增长率分别为 11.6% 与 22.4%。市场份额方面，Google Play 与 App Store 收入占比分别为 63.1% 与 36.9%。由此可见，东南亚地区移动游戏市场收入来源仍然主要来自安卓用户。

第一节　MOBA 类游戏

一、定义和历史

　　MOBA 类游戏（Multiplayer Online Battle Arena Games），按字面翻译为"多人在线竞技类游戏"。游戏开始后，玩家按照游戏地图既定路线与敌军交战，并在行军路途中通过清理兵线、击败敌方、摧毁敌军建筑来获得金币，再通过用金币购买装备提高自身角色的战斗力，最终摧毁敌方基地并获得胜利。

打一局 MOBA 类游戏的时间长短不等，其典型代表《英雄联盟》在 PC 端一局游戏时长通常为25—40分钟，而一局《王者荣耀》游戏时长一般为十几分钟。相较于早期其他类游戏，MOBA 类游戏难度低，节奏较快，时长短，游戏体验也更良好，更适合现代社会的玩家。MOBA 类游戏因此成为当前国内外网络游戏市场中最热门的游戏类别之一。从1998年出现至今，MOBA 类游戏已有20余年的历史。MOBA 类 PC 端游戏的发展历程可分为以下几个阶段。

起源期（1998—2003年）。该类游戏最早起源于1998年3月31日发行的《星际争霸》，游戏的地图编辑器可供玩家制作出自己想要的地图。2000年5月25日，《星际争霸》出现了 MOBA 类游戏地图的最初雏形，即一张由某匿名玩家制作的 Aeon Of Strife 地图。2002年7月3日，《魔兽争霸3：混乱之治》出现英雄级单位和一些 RPG 元素，将 RTS 即时战略游戏推向了一个新的高度。2003年也被称为"MOBA 元年"，在这一年的7月1日，玩家 EUL 在《魔兽争霸》中制作了一张地图——"Defense of the Ancients"，这也就是后来家喻户晓的 DOTA 的起源。

启蒙期（2004—2005年）。2004年2月1日，DOTA 全球粉丝后援会网站 Defense of the Ancients Allstar 出现了，它的功能主要是收集玩家的意见、反馈及发布游戏的更新公告。此时，DOTA 吸引了上万玩家的注意，玩家们通过地图编辑器功能将游戏地图设计成为自己喜欢的样子。在电子竞技方面，2002年2月，最早一代 MOBA 战队联盟 TDA–Clan 横空出世。2005年1月，新加坡举办 DOTA 线下比赛。

发展期（2005—2008年）。DOTA 成为 MOBA 世界霸主。尽管

DOTA 早已出现，但直到2005年8月，ID 为 Heintge 的一名游戏玩家汉化了 *Defense of the Ancients Allstar* 6.12版本，中国玩家才算正式接触到这款游戏的汉化版本。同年11月，第一代中国 MOBA 战队 GL 战队成立，该战队在2007年一举获得了 WCG（世界电子竞技大赛）的 DOTA 冠军。从2005年到2007年，通过制作团队的不断努力，DOTA 日渐成长为世界范围内广受好评的 MOD（游戏模组）地图。2007年，DOTA 凭借更为完善的 MOBA 规则，击败了同期的《澄海3C》和《真三国无双》，成为全世界最知名的 MOBA 类游戏，吸引了全球近千万玩家。

井喷期（2009—2015年）。MOBA 类游戏发展的红海时期。由于游戏主创人员产生分歧及一些利益问题，原本对玩家免费开放的 DOTA 发生了版权之争。全世界各大游戏公司因为看到了 MOBA 类游戏的巨大潜力，纷纷开始了对它的探索。

《英雄联盟》就是一款由美国拳头公司开发、由腾讯代理运营的 MOBA 竞技网络游戏。游戏里有数百个各具特色的英雄角色，并有排位、符文等特色系统。《英雄联盟》是一款承前启后的游戏，它继承了 DOTA 的很多优点，而《王者荣耀》就是在 DOTA 的启发下诞生的。

2018年5月14日，《英雄联盟》成为亚运会表演项目之一。2021年11月5日，《英雄联盟》入选第19届亚运会电竞比赛项目，这是电竞首次成为亚运会的正式竞赛项目，向全世界展现电竞运动的魅力，项目所获得的奖牌将计入国家奖牌榜。《英雄联盟》具有极大社会影响力，《英雄联盟》主题曲《孤勇者》更是红遍大江南北。

中国的游戏市场虽然规模很大，但长期以来一直被美国、韩国的游戏所垄断。《王者荣耀》的出现，打破了中国游戏弱势的局面，为国产游戏赢得了荣耀。《王者荣耀》取得巨大成功，姚晓光厥功至伟。姚晓光是腾讯的副总裁，被誉为"《王者荣耀》之父"。姚晓光在移动游戏等多个领域都取得不错的成绩，是少有的全能干将，被誉为"中国网游行业十大领军人物之一"。根据媒体有关报道，姚晓光从小热爱游戏《暗黑破坏神》，据说他的梦想是"悄悄超过暴雪"，笔者认为这个梦想姚晓光已经实现。

除了《王者荣耀》，目前在全球手机游戏市场中，受欢迎的MOBA类游戏还包括《无尽对决》《虚荣》《决战！平安京》等。

二、《王者荣耀》

《王者荣耀》是2015年由腾讯制作并进行管理与运营的一款游戏，它的形式和内容与《英雄联盟》非常相似，其中的角色及技能均与中国传统文化、历史典故中的人物和故事背景有关。《王者荣耀（海外版）》在2016年10月推出，之后相继进入越南、泰国等东南亚国家及欧美国家。在泰国，《王者荣耀》又叫 Realm of Valor（简称 ROV）。该游戏在不同国家及地区都有不同的语言版本，仅推出两年半，就在85个国家和地区游戏市场成功运营，并相继开成16种语言版本，被海外媒体评为"全球最受欢迎的手机游戏"。如今，《王者荣耀》的全球玩家已有2亿多，每天活跃用户量高达8000万，其中非常大一部分用户来自东南亚地区。

《王者荣耀》还成为亚运会表演项目。2018年8月26日，中国团队在2018年第18届雅加达 - 巨港亚运会上勇夺《王者荣耀》表演赛的金牌，这是亚运会历史上第一块电竞项目的金牌，五星红旗首次飘扬在了亚运会电竞项目的舞台上。

1. 游戏语言翻译策略

游戏语言的本土翻译是中国网络游戏出口对接海外玩家至关重要的方式。作为文化产业的一部分，网络游戏语言翻译的优劣会直接影响到海外玩家的游戏体验。

在越南，《王者荣耀》是由新加坡的 Garena 游戏公司作为唯一代理商代理的一款游戏，游戏的翻译顺理成章也由 Garena 游戏公司完成。《王者荣耀》中的角色是以中国传统文化中的人物名字为主。除了英雄名称，对英雄物品、技能操作、工具栏等相关文字也进行了本土化翻译。但由于汉字中存在一些繁体字、生僻字等，用越南文比较难翻译，一直以来这也是中国网络游戏出海中比较难以攻克的一关。

《王者荣耀》于2016年12月26日在泰国上线，虽然此前已有类似游戏存在，但是它依然数次登顶了 Google 应用和 App 应用游戏软件下载的榜首，在泰国的受欢迎程度可见一斑。这款游戏进入泰国后，在语言及英雄名称、基本属性、UI 页面、游戏画面和 Logo 设计都有所改动。总体来说，游戏变得更符合当地玩家的审美习惯。值得一提的是，游戏还对一些角色进行了一些相应的改动，针对泰国文化特色重塑英雄角色，更加受到了当地玩家的热烈欢迎。

2. 通过游戏传播中国文化

在《王者荣耀（海外版）》里，最直观的中国文化就是中国土生土长、原汁原味的中国英雄角色。不管是《三国演义》还是《西游记》，中国四大名著在泰国的知名度还是比较高的。因此，保留几个原创的中国英雄角色可以让泰国玩家意识到，这些中国英雄角色和其他英雄角色一样，都是中华传统文化中的历史人物、传说人物，其背后有着丰富多彩的中国故事与中国文化。

游戏中，另一个展示中华文化的途径就是英雄角色的皮肤设计。简单来说，游戏角色的皮肤就是英雄角色的衣服，这是传达文化最为直观的一种载体。正因如此，在《王者荣耀（海外版）》中，中国元素在英雄的皮肤上得到了多样的展现，如"中国年旗袍皮肤"按照中国传统的服饰设计，吸引了泰国玩家的注意；"门神皮肤"用生动的龙头肩设计，让泰国玩家了解了中国历史悠久的"龙"元素；"舞狮皮肤"根据中国民间的传统习俗设计，增添了中国传统文化的色彩等。

3. 游戏内容与英雄人物更加国际化

作为互联网最具潜力的产品，网络游戏的出口转型、游戏本土化升级是出海游戏公司高度重视的一个环节。在进行了游戏语言翻译后，还需根据海外玩家的审美习惯对游戏画面进行重建，研究在海外玩家群体中更具普适性的 IP 形象，进行新的英雄角色形象设计。

为了增强网络游戏对海外玩家的吸引力，腾讯与 DC 漫画达成协议，以蝙蝠侠、神奇女侠、超人的角色形象来替换《王者荣耀》中中国传统历史人物的角色形象。因为未得到授权，所以在国内《王者荣耀》玩家未能看到这些英雄角色。推行这个举措也是为了借力漫迷进一步打开海外市场，扩大游戏玩家群体数量。

在《王者荣耀（海外版）》中，大多数英雄角色的价格依然与国内版本相同。即便是海外版本，但还是能够在游戏中找到不少熟悉的角色面孔，虽然它们的外观发生了变化，但技能和符文等英雄属性的变化并不太明显。在游戏画面和英雄人物上，国内玩家所玩的《王者荣耀（国内版）》与越南的《王者荣耀（海外版）》还是存在很大的不同的，但除了名字的变更，部分英雄属性技能、符文、皮肤等也都与国内版本相似甚至相同。

不同的国家及地区有着不同的文化节日。泰国《王者荣耀（海外版）》融入了泰国本土较为古老的传统节日——宋干节元素。游戏以富有特色的节日本土文化设计游戏活动，建立玩家与游戏的情感连接。宋干节有点类似于我国的泼水节，一般在当地每年公历的4月13日至4月15日举行，为期3天。在此期间，当地人们不仅会斋僧行善、沐浴净身，还会相互泼水祝福、敬拜长辈。歌舞游戏是节日期间最受欢迎的活动之一。基于该节日文化传统，泰国《王者荣耀（海外版）》专门设计了宋干节的节庆活动，不仅在游戏里推出相应的角色皮肤，还专门制作了游戏背景音乐，以欢快活跃的鼓点、节奏明快的旋律衬托人们欢度宋干节的愉快氛围。

4. 电子竞技助力

对于一款移动电子竞技游戏来说，电子竞技赛事就是游戏传播的助燃剂。当游戏具备了一定规模的玩家和市场，游戏开发商便可将赛事体系的打造作为发力的方向并规划布局，实现可持续发展。一般来说，移动电子竞技赛事体系按照参赛选手的类别可分为大众赛事和职业赛事，按照地域可分为高校赛、城市赛、国家地区赛和国际赛。移动电子竞技游戏须根据自身特点，从多个维度切入，抓住玩家的兴趣点，构建有特色的赛事体系。在职业赛事上，游戏运营方须努力培养当地职业选手与相关专业人才，搭建赛事指挥认证平台，建立专业、规范的标准和监管机制，并与直播平台合作，满足线上、线下观众对竞技艺术的追求。在大众赛事上，可针对不同人群打造专属赛事，激发玩家的热情，深度粘连消费人群，营造全民电竞的氛围。另外，还可考虑开辟一条完整的晋升通道，打通大众赛事与职业赛事，挖掘普通玩家的天赋与潜力。搭建契合玩家喜好和游戏特点的赛事体系，有利于移动电子竞技游戏扩大产业链，通过专业的比赛多角度呈现游戏魅力，吸引更多玩家投身其中。

《王者荣耀》还举行非职业的大型赛事，这类赛事覆盖地域广，参赛者年龄不设限，奖励丰厚。玩家可组队报名参加比赛，经过一轮轮选拔赛、晋级赛后，获胜队伍即可赢得荣誉与奖励，享受"明星玩家"的光环。除此之外，还可考虑举办区域赛、城市赛等。许多玩家在互联网上招募其他玩家组成战队参赛，既满足了社交需求，也享受到了电子竞技所带来的乐趣。

位于移动电子竞技赛事体系顶端的 AWC、AIC 是规模最大的赛事。同属于国际性赛事，两者的区别在于：AWC 为各俱乐部以国家名义参赛，AIC 则是以赛区名义参赛。泰国代表战队多次参加比赛并表现不俗，政府有关部门也给予了高度重视。早在 2017 年，泰国国家电视台 Work Point TV 的周六黄金档特别节目便播出第一届 AIC 泰国队和韩国队的对战实况，当时吸引了百万观众同时观看。《王者荣耀》成为第一款通过泰国电视台直播赛事的游戏，这是泰国电子竞技行业迈出的重要一步，意味着移动电子竞技比赛得到了官方的认可。泰国职业战队的实力也有目共睹：2019 年，《王者荣耀》成为东南亚运动会正式比赛项目，泰国队发挥出色并夺得了金牌；2021 AWC，泰国 RPL 赛区战队 dtacTalon（DTN）夺得总冠军；2021 AIC，泰国队 Buriram United Esports 夺得冠军。泰国在这些国际性的移动电子竞技比赛取得优异成绩，令相关赛事的话题关注度持续升温，泰国越来越多民众通过赛事认识了《王者荣耀》，参与游戏的热情持续高涨。

三、《无尽对决》

在东南亚手机游戏市场中，《无尽对决》超越《王者荣耀》，成为马来西亚、新加坡等东南亚国家 MOBA 类游戏市场的销量冠军。《无尽对决》由上海沐瞳科技有限公司自主研发及发行，于2016年7月14日在安卓平台发布，2016年11月9日在 iOS 平台发布。由于该游戏与腾讯的《王者荣耀》非常相似，曾经被腾讯起诉侵犯版权。上海沐瞳科技有限公司非常善于运作海外市场，《无尽对决（海外版）》的运营收入高于《王者荣耀（海外版）》是常有之事，这也让很多中国游戏小公司看到了海外市场的机会。

在人物造型上，两款游戏确实有着很多相似的地方。当然，《无尽对决》也有很多创新，例如显示玩家国籍的图像等。另外，李白、关羽、张飞、刘备、兰陵王、甄姬等中国历史人物角色的名字在海外市场的转化比较麻烦，而《无尽对决》于制作之初就瞄准海外市场，一些中国历史人物的角色名字多取为西方风格，因此比较容易让外国玩家接受。

目前，《无尽对决》已经成为新加坡、马来西亚等多个东南亚国家的"国民游戏"。从该游戏的收入构成来看，东南亚地区新兴市场玩家的消费总额已日渐超越欧美、日韩等成熟市场。随着新兴市场的发展，东南亚地区玩家的付费能力将进一步提升。

1.《无尽对决》VS《王者荣耀》

同为中国游戏公司出品的 MOBA 类手机游戏，《王者荣耀》和《无尽对决》分别占据国内和东南亚地区手机游戏市场的头部。然而，《王者荣耀》在东南亚市场远没有《无尽对决》的传播效果好，研究发现，主要有以下几点原因。

从上线的时间来看,《无尽对决》抢先一步占领了东南亚地区市场。与《王者荣耀》的定位不同,《无尽对决》一开始的定位就是面向海外市场,因此,当2016年东南亚地区尚未出现MOBA类手机游戏时,上海沐瞳科技有限公司便抢先占领了这片"净土",从而赢得了先机。

从游戏占用的内存来看,《王者荣耀》尽管在画面质量和角色设计方面更为精美,但这也注定了需要更多的手机内存空间。而《无尽对决》因为是面向海外市场发行的,故针对东南亚地区移动设备较为落后的事实,上海沐瞳科技有限公司在游戏开发之初便决定在一定程度上牺牲游戏的画面质量来换取更小的内存。《无尽对决》的下载内存仅为349.57MB,不足《王者荣耀》所需3.6GB内存的十分之一,但却更契合东南亚地区游戏玩家的特点与需求。

从产品内容来看,《无尽对决》和《王者荣耀》在游戏玩法和游戏设计方面有着一定的相似性,但《无尽对决》的整体设计风格更偏向国际化。而《王者荣耀(海外版)》和《王者荣耀(国内版)》区别不大,整体更符合国内玩家所喜爱的游戏风格。

从游戏版本来看,《王者荣耀》针对不同国家和地区发行了多个版本,不同国家和地区的玩家只能和本国、本地区的玩家同台竞技。而《无尽对决》采取的是全球"同服"匹配的机制,来自世界各地的玩家都可以在同一版本的游戏里开展竞技、收获快乐,也因此拥有更大的潜在用户基数。

2. 首开全球"同服",淡化地域差异

传播学者梅罗维茨在《消失的地域:电子媒介对社会行为的影响》中指出:"媒介的变化导致社会环境的变化,电子媒介重新组织了社会环境,并削弱了物质场所对场景的重要性,使人们的经验

和行为不再受其所处场地的限制，也不受哪些人和他们生活在一起的限制。"《无尽对决》属于第一款推出全球"同服"功能、支持不同国家、不同地区玩家进行对战的游戏，游戏将身处不同地域、不同环境的玩家纳入同一个虚拟空间。在《无尽对决》这个虚拟的游戏场景里，玩家的身份不再是现实中的新加坡人或越南人等，而是一起竞技的伙伴，有着类似的成长机会、类似的游戏能力，有着一致的游戏目标，从而消除了地域文化的隔阂，形成了玩家与玩家之间心理上的亲近感。

除了让全球玩家在游戏中同场竞技，游戏的匹配机制也根据国籍优先原则让来自同一国家、同一地区的玩家组队。在玩家进行游戏匹配和游戏结算时，还会显示其国籍，这个功能是以往 MOBA 类手机游戏所不具备的。《无尽对决》还可以通过 Google 账号、Facebook 账号及 App Store 账号等多种方式登录，其全球"同服"及国籍显示功能，既淡化玩家们的地域差异，又突出同国籍玩家之间协同作战的团结性，为玩家的游戏体验赋予了更高层次的内涵。

在全球"同服"的设定下，《无尽对决》的角色设定背景不局限于某一国家、某一地区，而囊括了东方元素、西方元素，更能引起游戏玩家的情感共鸣。有赖于全球"同服"匹配机制的技术支持，《无尽对决》致力在全球进行网络部署，拥有400多台服务器；在语言设定方面，该游戏支持30多种语言选择，方便用户自由切换。

3. 游戏设定多元，凸显东盟元素

在进行游戏推广时，《无尽对决》面向东南亚地区各个国家游戏市场制定了符合当地实际情况的本土化策略。在活动设计方面，除了角色的设定，为契合当地的文化习俗，针对不同国家的不同节日，《无尽对决》还设计了相应推广活动。在游戏内容和推广服务

上的本地化运营策略，在一定程度上优化了当地玩家的游戏体验，提升了玩家对《无尽对决》的认同感。

为迎合当地市场，《无尽对决》的游戏设定极具东南亚特色。该游戏有超过50个英雄人物角色，其皮肤设定等方面均涵括了东西方元素。在画面风格方面，人物建模偏向美国漫画风格，角色线条流畅利落，人物动作炫酷，为玩家带来了优良的视觉效果。

4. 缩减游戏容量，迎合当地市场

在游戏产品内存设计上，针对东南亚地区较为落后的手机通信行业，《无尽对决》通过不断压缩游戏的内存，从而实现了对低配置手机的适配，并且在保证游戏的画面质量精良和运行流畅的同时，兼顾玩家所追求的游戏体验，这也是《无尽对决》能够在东南亚多个国家频频登顶各种榜单的重要原因之一。

《无尽对决》在缅甸上线时，由于缅甸才刚步入智能手机时代，许多玩家不懂如何在手机上下载游戏。针对这一情况，上海沐瞳科技有限公司与当地运营商、手机经销商合作，在手机内预先装好游戏包，采取"预安装"的方式让该游戏获得了极大的推广效果。

不可否认的是，《无尽对决》在东南亚地区 MOBA 类手机游戏市场中具有不可撼动的地位。在新加坡有总人口近四分之一的民众是该游戏产品的使用者；在菲律宾和印度尼西亚，每十个人当中就有一个人是这款游戏的玩家。《无尽对决》在东南亚地区游戏市场如此受欢迎，在一定程度上可归功于其适应低配置手机的优化内存设计。

5. 电竞直播助力，优化传播效果

电竞直播是近几年从游戏产品衍生出来的一个互联网媒体在

线传播平台。电竞赛事 MPL 联赛的举办，不仅使得游戏产品本身的内容得到了丰富，同时也在多层面上让《无尽对决》的影响力发挥了扩散效应。不可否认的是，电竞赛事 MPL 联赛使《无尽对决》在与其他游戏竞争时获得了关键性的优势。电竞直播这种游戏推广方式极大地增强了游戏与玩家之间的联系，使玩家从第一个赛季一直追随到最后一个赛季，从而提高了用户黏性与忠诚度。

此外，《无尽对决》在电竞生态的性别多样性选择方面也是有所考量的。游戏运营方在东南亚地区专门设置了女子职业联赛 Woman Star League，该联赛仅限女性选手参加。与此同时，游戏运营方还以东南亚为中心，积极广泛地向其他国家和地区进行渗透。目前，该赛事的区域资格赛已覆盖俄罗斯、土耳其、巴西、美国等国家与地区。可以说，《无尽对决》正在构建相对稳定的赛事生态，以提高自身更大的影响力。

在直播方面，游戏运营方在《无尽对决》植入了直播系统，方便玩家进行直播与观看，从而使得游戏具有极高的娱乐属性。游戏和直播的结合形成了相得益彰的关系：游戏因为直播吸引了更多的潜在玩家进入，直播也因为游戏增加了更多用户。在"游戏＋直播"的模式下，MPL 联赛直播增强了《无尽对决》玩家的黏性和忠诚度，同时也提升了游戏热度，扩大了游戏产品玩家的规模。

四、英雄角色与自我认同

"认识你自己！"这是铭刻在希腊圣城德尔斐神殿上的著名箴言。"我是谁"这个问题千百年来一直困扰着人们，如今到了网络时代，人们又有了新的疑问。成千上万的玩家在网络游戏中扮演着不同的虚拟角色，这种虚拟化身和玩家真人之间有着什么样的关系？玩家在现实生活中的性格是否得以体现在网络游戏中？玩家在网络游戏中是怎么自我呈现的？玩家在网络游戏中与其他玩家的互动是否会对自我认同产生新的影响？总之，很多问题都亟待解答。

吉登斯在《现代性和自我认同》中曾说，高科技所导致的时空关系扩张和自我认同在地方化与全球化辩证两极中重组，现代社会学的研究主体受到了挑战。"自我认同"这一问题是我们当代所面临的一个首要问题。在从传统向现代的社会转型中，我们越来越不知道自己是谁了。

美国心理学家威廉克·H.埃里詹姆斯对"自我"曾下过一个定义——"自我，是自己所知觉、感受与思想成为一个人者"。他认为，自我的客体是由三部分组成。物质我（body image），包括个人的身体、衣物、房屋、家庭、财产等。社会我（social self），源自他人的认可，例如声誉等，任何人都有许多的社会我。人格我（self identity），包括个人的意识状态、特质、态度、气质等。其中，社会我高于物质我，而人格我又高于社会我。

心理学家埃里克·H.埃里克森是自我认同理论的创始人，也是将认同理论引入心理学研究领域的关键人物。他认为，人的一生有八个主要阶段，每个阶段都有着不同的发展任务。婴儿期（0—2岁）：基本信任和不信任的心理冲突。儿童期（2—4岁）：自主与害羞和怀疑的冲突。学龄初期（4—7岁）：主动对内疚的冲突。学龄期（7—12岁）：勤奋对自卑的冲突。青春期（12—18岁）：自我认同和角色混乱的冲突。成年早期（18—25岁）：亲密对孤独的冲突。成年期（25—50岁）：生育对自我专注的冲突。成熟期（50岁以上）：自我调整与绝望期的冲突。由于青春期是自我认同和角色混乱产生冲突的重要时期，埃里·克森认为，自我认同的形成是青春期的核心任务。而在这一时期的青少年往往会在虚拟的游戏世界中扮演各种角色，这些游戏是否会对他们的自我认同产生影响呢？

当今，青少年沉迷于网络游戏的一个重要原因，就是他们觉得在虚拟世界的自我呈现和与其他玩家进行互动，能实现自我认同，提高自我成就感。但是，埃里克森所说，青春期本来就充满了角色混乱的冲突，如果再加上虚拟世界中的角色扮演，会不会让青少年的自我认同感更加混乱呢？网络游戏对青少年玩家自我认同的影响究竟有多大，如何增加网络游戏对青少年玩家的正面影响等，都值得我们去思考。

笔者认为，玩家在游戏中更能表现出真实的自我，即弗洛伊德所说的"本我"。在现实生活中，一个人可能会受到"超我"的限制，而在网络游戏中，则可以尽情展现"本我"。一个玩家在游戏中的表现很可能反映出其真实性格。

尤其是在网络游戏这种虚拟空间中，来自不同国家、不同地区的玩家在同一时间聚集在一起，扮演着各不相同的虚拟化身，这就带来了新的自我认同问题。在《王者荣耀》和《无尽对决》中有很多中国英雄角色，海外玩家玩多了必然会对这种人物角色产生深厚的感情，这对于他们增强对中国文化的认同是大有裨益的。当然，我们也可以在游戏中制作更多东盟国家的英雄人物角色，来获取东盟国家玩家的好感。

五、MOBA 类游戏出海存在的问题

1. 匹配机制不尽如人意

从评论的问题数量来看，匹配机制是占比最高也是游戏玩家对《无尽对决》最为关心的问题。根据调研结果显示，一部分新加坡玩家认为匹配机制不公平，他们反映自己在一些游戏中匹配到的队友游戏水平低，且经常挂机，而匹配到的对手实力却很强，从而导

致游戏体验不佳，等等。

另一部分新加坡玩家则表示，由于语言沟通障碍及协作困难等问题，他们不想匹配到来自印度、印度尼西亚、缅甸的玩家。对此，有玩家就评论道："游戏很有趣，但组队很棘手。你最好和熟悉的朋友一起玩，不然匹配到那些有语言障碍的玩家会变得协调困难。如果他们输了游戏，往往会出言不逊……"

2. 游戏设定不合理

根据对评论内容的分析和深度访谈结果显示，《无尽对决》在游戏设定方面不够合理。在笔者本次所选取的评论样本中，有15%的游戏玩家关心游戏设定的问题。这些问题分为两方面：一是玩法设定问题，具体为游戏漏洞、举报机制、英雄能力设计等；二是价格设定问题，具体为英雄角色皮肤价格的设置等。

首先，从玩法设定来看，有相关玩家就曾提出："关于英雄的想法非常有创意，却没有优势。一个很弱的英雄会被轻易地打倒。英雄间能力的不平衡设定使游戏根本玩不下去。开发者请转变你的思想，让游戏至少变得更有意义。"也有受访玩家认为，该游戏模式过于单一和守旧，希望开发出更多的游戏新模式。

其次，从价格设定来看，《无尽对决》的皮肤价格偏高。尽管相比于其他地区的玩家，新加坡玩家的消费能力属高水平，但仍有大量玩家认为该游戏皮肤价格设置得不合理。对此，有玩家反馈："虽然游戏非常有趣，但问题是我想买皮肤，它太贵了，我和我的大多数朋友都买不起……"

3. 游戏运行不够流畅

作为一款团队竞技手机游戏，玩家对《无尽对决》的流畅度要求很高。笔者发现，游戏运行不流畅反倒是《无尽对决》的一个痛点。在评论内容的调查样本中，有11%的玩家反映他们在进行游戏时经常出现游戏闪退、手机发热等软硬件问题。

由此可见，尽管相比于其他MOBA类手机游戏的大内存来说，《无尽对决》在自有的压缩和动态加载技术支持下的小内存显得难能可贵，但也面临着诸多问题。在新加坡，游戏玩家所使用的移动设备在性能和品质方面显然优于其他东南亚地区玩家所使用的移动设备，但仍有11%的游戏玩家反映该游戏设定存在问题。由此可见，这类情况在东南亚其他国家会更频繁地出现。而这些问题如果处理不当，势必会严重影响该游戏的用户黏性，导致东南亚地区乃至全球的一部分玩家用户的流失。

4. 忽视女性玩家需求

通过深度访谈发现，《无尽对决》在运营方面对女性用户消费潜力的挖掘不够。有数据显示，在国内，《王者荣耀》的玩家中有近54%是女性。而作为同类型产品，《无尽对决》的女性玩家潜力同样不可小觑。在新加坡问卷调查平台Rakuten Insight于2020年3月所进行的一次在线游戏调查中，55%的新加坡女性受访者表示她们玩过在线游戏。在东南亚地区，新加坡游戏玩家中的女性占比最高，她们的消费能力也远超其他东南亚地区的女性玩家。

随着社会发展和女性地位的不断提升，女性对于游戏的认知和接受程度正变得与男性趋同。女性玩家从休闲游戏逐渐步入竞技游戏，这说明MOBA类手机游戏理应更多地考虑女性玩家的潜在需求。从当前女性玩家用户的表现来看，手机游戏市场还需在女性群体中继续发力，以加强游戏影响的渗透力。

5.《无尽对决》打败《王者荣耀》的反思

总的来说,《无尽对决》能在东南亚地区打败《王者荣耀》是一件值得令人反思的事情。《王者荣耀》是一款非常中国化的游戏,其人物角色李白、荆轲、刘邦、项羽等对于外国人来说相当陌生,因此这款游戏不太适合在国外进行传播。另外,《王者荣耀》在游戏的命名上也犯了很多错误,不太容易让人记住。而《无尽对决》则是一款更加全球化的产品,就只有这一个英文名字,因此更容易让人记住。

在对外传播中,笔者认为英文名的选择是非常重要的。在电视方面,近年来中国国际电视台(CGTN)发展势头很好,提升了品牌和提高了知名度,值得其他主流媒体学习。中国国际电视台是中央广播电视总台下属的新闻国际传播机构,成立于2016年12月31日。因为原来的"CCTV"在国外是指"闭路电视监控"的意思,因此"CCTV9"改名成"CGTN"很有必要。事实上,自从将电视台改名成"CGTN"后,国外观众更加容易接受了。

第二节 PUBG 类游戏

一、《绝地求生》

从2017年下半年开始，一款被称为 PUBG"吃鸡"类的游戏——《绝地求生》席卷全球。《绝地求生》是一款战术竞技型射击类沙盒游戏。在游戏中，玩家需要在游戏地图上收集各种资源，并在不断缩小的安全区域内对抗其他玩家，让自己得以存活到最后。之所以叫"吃鸡类"游戏，其实很无厘头，是因为胜利者的游戏画面最后会出现"大吉大利，今晚吃鸡"的字样。

《绝地求生》火爆以后，网易较早开发出了"吃鸡"类游戏《荒野行动》，打了腾讯一个措手不及。短短三个月后，腾讯同时推出了两款"吃鸡"类游戏——《绝地求生：刺激战场》和《绝地求生：全军出击》，占据了国内"吃鸡"类游戏的主要市场。2019年5月，腾讯宣布这两款游戏正式停机维护，之后便将之统一命名为《和平精英》，以作为《绝地求生》的正版手机游戏在国内市场继续运行。2018年，腾讯上线《和平精英（海外版）》，该游戏立即席卷海外，登顶102个国家的 IOS 免费榜。腾讯的"吃鸡"类游戏策略可以说取得了后发制人的效果。

据 Sensor Tower 商店情报数据显示，2021年，《和平精英》在全球 App Store 和 Google Play 的总收入达26亿美元，位列全球手机游戏畅销榜第2名，仅次于《王者荣耀》。在2021年前三个季度，《和平精英》每个季度收入均超过7亿美元，并在第三季度刷新纪录，达到7.71亿美元。

截至2021年底,《和平精英》在中国IOS市场累计收入近40亿美元,在海外市场的累计收入超过30亿美元。国内贡献了40亿美元,占总收入的57%,而美国和日本分别占11.8%和4.2%。

二、腾讯与网易的"吃鸡大战"

2021年11月5日,杭州亚运会组委会在第四届中国国际进口博览会上对外公布了第19届亚洲运动会项目所有小项,电竞项目共8个小项,其中就包括了《和平精英》亚运会版本。

《绝地求生》的突然火爆,一举打破《王者荣耀》多年来的"霸主"地位,在中国引起了腾讯和网易的重视。网易行动迅速,制作出了《终结者2》,并在《终结者2》中加入"吃鸡"元素,使得该游戏大火。于是,网易一边大力宣传《终结者2》,一边开发《荒野行动》。

网易的《荒野行动》和《终结者2》上线后,引起了腾讯的紧张。于是,腾讯令旗下两大强力游戏工作室——光子和天美重点开发"吃鸡"类游戏。这时,腾讯推出《绝地求生:刺激战场》和《绝地求生:全军出击》,凭借正版授权及腾讯强大的实力反压《荒野行动》。

正当腾讯打算凭借实力反打网易,而网易也做好了准备与腾讯打持久战之时,突然被告知游戏停止审批。游戏不审批就没有版号,于是持续了180天的"吃鸡大战"就这么充满戏剧性地结束了。最后,腾讯将这两款游戏统一改名为《和平精英》,终于拿到了版号。如今,《和平精英》已超过《荒野行动》,成为全球收入最高的射击类游戏。《绝地求生》运营成功后,腾讯从开发商韩国蓝洞公司拿到这款手机游戏在日韩以外的全球研发和运营权。如今,《和平精英》这款游戏已经成为腾讯手机游戏在海外市场收入最高的产品。

三、《和平精英》

据 Sensor Tower 统计显示，2019年《和平精英》的海外收入为7.76亿美元，是2018年海外收入（1.9亿美元）的4倍以上，平均每月流水6470万美元。自2019年3月开始，《和平精英》大多时间都位于美国、德国、英国、加拿大、澳大利亚和俄罗斯等国家与地区 IOS 手机游戏畅销榜前20名。

在全世界范围内，《和平精英》可说是迄今中国最成功的出海游戏。据 Sensor Tower 于2020年3月发布的中国手游出海收入榜显示，《和平精英》以9100万美元（约合人民币6.4亿元）的月流水再次夺得出海收入冠军，创造了国产手机游戏出海的新纪录。

目前，《和平精英》的注册数量已达到6亿，活跃玩家用户也超过了5000万，还拥有着1亿的月活数。

《和平精英》在上线之前就针对用户进行了精确定位，在上线后则根据定位开展了精准的产品传播活动，以达到吸引更多玩家用户的目的。2017年底，该游戏在马来西亚上线前，腾讯就放出游戏即将上线的消息，紧接着腾讯在马来西亚游戏官网、Facebook 官方账号、Twitter 官方账号等平台一同发布了预约渠道，推行预热。这一策略圈住了一批核心玩家，他们成了最早期的一批忠实玩家。除此之外，《和平精英》还充分利用内容分发平台的组件建设进行预约推广。在 YouTube、Google 等大流量平台的关联内容里植入广告，通过链接直接跳转到 App 下载页或游戏官网，最大可能挖掘流量，吸引新玩家用户。笔者在调研过程中了解到，2022年，在马来西亚接近两个月的预热活动中，《和平精英》获得了10万以上的预约量，转化率在50%以上。

《和平精英》很重视找国外明星为产品代言。2020年，《和平精英》与 BLACKPINK 正式合作。BLACKPINK 是亚洲新星偶像团体，在马来西亚极具人气，拥有大量粉丝。作为马来西亚最火的一款战术竞技类手机游戏，《和平精英》与 BLACKPINK 的合作可谓强强联合。在本次跨界合作中，《和平精英》成功将品牌独有的魅力与 BLACKPINK 完美捆绑，玩家不仅可以在游戏中体验特有的定制联动视觉（如 BLACKPINK 风格的飞机、空投箱等），还可以在商城中获得 BLACKPINK 风格的装扮。另外，BLACKPINK 在活动及自己的社交账号主页也会推送一些关于团队成员玩游戏的场景，对游戏品牌的传播广度有着极大的提升作用。BLACKPINK 的粉丝也可以在游戏大厅听到偶像的最新专辑，实现自身与偶像在游戏中的互动。此外，BLACKPINK 更是与《和平精英》联合推出了首档线上游戏网络综艺，该节目全球播放量将近 6000 万次，在马来西亚的播放量极为可观。

从宣传策略上看，《和平精英》取得成功的关键是坚持玩法创新，提升游戏品质。游戏中的地图是玩家展开对战的基础，不同的地图地形不一、风景不同，所带给玩家的难度、体验感也不一样。在还原端游的 4 张经典地图的基础上，《和平精英》进入泰国后推出了适合移动端、碎片化时间的 Livik 地图，玩家只需 15 分钟就可完成一局对战竞技。这张地图受到了海外玩家的高度喜爱，增强了玩家与游戏的黏性。游戏自诞生以来，从加入丧尸模式、团竞模式等娱乐玩法，到地图设计、节庆活动融合等，陆续推出了数十个版本的更新。游戏在创新的同时，还及时弥补玩家在游戏体验中的不足，刷新市场和玩家的认知。考虑到泰国及其他东南亚国家网络条件、硬件配置问题，《和平精英》推出了"轻量化下载功能"的策略，进一步打开了东南亚萎缩的游戏市场，实现了下载量和营收额两方面质的飞跃。持续不断的迭代玩法创新和对品质的精心打磨，游戏为玩家带来越来越好的沉浸式体验，这也正是《和平精英》保持用户高活跃度、传播越来越广的根本原因。

联动合作营销也是《和平精英》的一大宣传策略。《和平精英》通过与主机游戏《生化危机2：重置版》、电影《哥斯拉大战金刚》《蜘蛛侠：英雄无归》及动画剧集《英雄联盟：双城之战》的联动，深度创新营销内容，将游戏的角色、物品、模式等引入其中，赋予游戏文化新内涵，不断为玩家制造新鲜感与惊喜感。在携手明星合作、发挥名人效应的基础上，《和平精英》选择了与世界级音乐制作人 Alan Walker 合作游戏 BGM。在泰国，还将备受追捧的泰国女星 Mai Davika 选为游戏品牌大使。这些名人带来了光晕效应，实现了游戏、音乐人和演员等群体的一体多赢。

社交媒体是《和平精英》最重要的传播渠道。"PUBG MOBILE Thailand"是拥有近60万订阅者的 YouTube 官方账号，截至2021年，该账号已经发布了上千个视频，粉丝观看次数总计超过1亿次。Facebook 上虽没有泰国粉丝主页，但创建了《和平精英》兴趣小组，已有8.3万位成员加入。《和平精英》利用社交媒体，及时发布游戏资讯，使游戏玩家有归属感，并开发潜在玩家用户，聚拢核心玩家用户，产生了持续的品牌传播效应。

电竞赛事是游戏传播的最佳方式之一。从公布的全球电竞赛事体系来看，《和平精英》覆盖了全球范围的普通玩家、半职业玩家和职业玩家。相应地，赛事体系也包含了大众赛事、半职业赛事和职业赛事。《和平精英》在泰国移动电竞市场进行布局时，从职业选手的培育开始，逐步在当地搭建电竞生态体系，将国际对抗、品牌宣传、游戏推广、用户运营等诉求融入其中，使游戏和电竞赛事的热度居高不下。

据 Esports Charts 有关数据显示，《和平精英》电竞赛事是2020

年移动电竞中观看量最高的一项电竞赛事，也是全球所有游戏电竞赛事中观看量第三的赛事。2020年，《和平精英》进一步完善了全球电竞赛事体系，在 PMCO 之外推出针对职业选手的"PUBG MOBILE Pro League"和"PUBG MOBILE World League"，为世界各地不同水平的选手提供了更合适的竞技舞台和更多的比赛机会。

在因地制宜做好产品的本土化推广方面，《和平精英》树立出了一个不错的榜样。2019年，在印度尼西亚斋月期间，《和平精英》运营方与警察局合作，在雅加达多个高速出口搭建了游戏主题警察站岗台。斋月前夕，正值外出务工者"回乡大潮"，这些建在高速路口的站岗台不仅为坚守岗位的警察提供了工作的场所，也为经历旅途奔波的务工者们提供了放松身心的休息驿站。

四、*Free Fire*

在东盟国家，一款非常流行的"吃鸡"类游戏是冬海集团 Sea Group 研发的 *Free Fire*。

Sea Group 位于新加坡，是东南亚最大的游戏公司，由华人企业家李小冬创办。Sea Group 的最大股东是中国的腾讯，它的公司高层也大多是华人。

有关资料显示，*Free Fire* 在拉美、东南亚是收入最高的一款手机游戏。据悉，*Free Fire* 的日活跃玩家数最高点已达1亿，且每日人均游戏时长可达2—3小时，显示出其极强的玩家用户黏性。除此之外，*Free Fire* 还加强了对北美市场的渗透。2021年第一季度，*Free Fire* 在美国的发展势头良好，这是因为其较低的游戏门槛和偏低的内购定价所致。总之，在所有"吃鸡"类游戏中，*Free Fire* 最大程度地受益于"下沉市场"，并实现了玩家用户进一步的增长。经研究发现，该游戏在东南亚地区大获成功主要有以下几个原因。

1. 团队构建：本地化运营，深刻洞察市场

为了更好地适应东南亚市场，游戏运营方策略性地将游戏的存储空间改造成了轻量级。*Free Fire* 几乎可以在任何手机设备上实现流畅运行。东南亚国家大多数游戏玩家收入不高，手机配置不是很好，通过给游戏"瘦身"，可以让大多数人都玩上游戏。另外，在这些欠发达国家中，玩家通常不会在网上购物，他们甚至没有银行账户，支付等相关问题都需要通过高度的本地化才能得以解决。

对东南亚、拉美、东欧等区域市场，游戏运营方实现了很好的硬件需求友好、运行流畅、简化操作，这些均为玩家提供了良好的游戏体验。*Free Fire* 在东南亚国家均设有分部，每个国家员工超2000人。庞大的本地化团队不仅使得游戏的本地化翻译、活动设计等开展得更为精准，还使得游戏拥有了区别于全球主线版本的自主定价权力，因此玩家的支付手段也更为本地化。

2. 渠道与内容渗透：自建线上及线下渠道

游戏运营方十年深耕东南亚主战场，自建线上及线下渠道，积累了一定的用户基数。当时，其拥有的游戏分发平台 Garena（PC 端）和 Garena App（移动端）月活跃用户约 500 万，这就使得 *Free Fire* 发行之初便能非常便捷地触达东南亚手机游戏玩家用户群体。游戏运营方还覆盖了东南亚 80% 的网吧，通过线下在网吧门店进行大力推广，使游戏在网吧消费需求市场庞大的东南亚区域迅速"破圈"传播开来。

同时，*Free Fire* 也根据语种和区域精细化运营各国的官方社媒账号。其 Facebook 非官方小组约有 60 个，人数最多的小组为"Free Fire indonesia"（非公开小组，约 100 万名成员）。官方 YouTube 印

尼语账号"Garena Free Fire Indonesia"拥有约500万用户关注量。官方印尼语电竞账号"FF Esports ID"自2020年3月开始运营，至2021年底已拥有约267万用户关注量。官方印尼语 TikTok 账号"@freefirebgid2020"于2020年4月发布第一条视频，便拥有超10万用户的关注量。

3. 借势"破圈"：电竞赛事，跨界联合推广

在电竞赛事方面，*Free Fire* 主办了多项大型电竞赛事，打造多层次、立体、全覆盖的全民级别赛事，激发全体玩家参与赛事的狂欢热情。

Free Fire 持续与全球知名品牌、IP、影视作品、名人实现跨界合作，包括《毒液》《纸牌屋》《刺客信条》等全球知名 IP，助力版本更新，拉动新晋活跃玩家，效果显著。

除此之外，*Free Fire* 也积极开展区域本地化合作。*Free Fire* 多次与印度尼西亚当地茶饮品牌 Fruit Tea 合作，并联动韩国知名游戏《仙境传说》推出了"仙境"的刺客皮肤、打造仙境角色 Poring 作为玩家玩伴一起战斗等联动活动。游戏还与印度尼西亚爱国主义服饰品牌"Damn I Love Indonesia"合作，推出了众多周边服饰。

Free Fire 不仅持续开展全球联动，提升品牌形象，而且在区域本地化方面也做到了精细化运营，通过衣食住行等多方面渗透玩家日常线下生活，强化了玩家用户对游戏的认知和归属感。

五、《荒野行动》

2016年底，网易开始筹备及研发《荒野行动》海内外版本。该游戏的海外版于2017年11月正式上线运营，12月全平台用户突破5200万，迅速进入游戏畅销榜前五名。2018年5月，《荒野行动》

荣登中国出海游戏收入榜榜首，日本市场贡献了99%的海外收入。同年暑期档期，日本市场月活跃用户超2000万，日活跃用户为800万—1000万。同年10月，《荒野行动》在日本市场的月流水已稳定在1.2亿—1.5亿日元。在中国，网易是仅次于腾讯的游戏大厂，但它在东南亚国家的表现却并不出彩。网易的主要出口目标国是日本，其游戏《阴阳师》《荒野行动》等在日本游戏市场都有着很好的营收。《荒野行动》在日本取得成功主要有下面几个原因。

1. 提前孵化，快速行动

在网易，每个人都能成为识别爆款游戏的触手。"好玩是第一要义"——即使是没有明确市场数据证明的创意，也有机会通过评审，随之作为创意被孵化。《绝地求生》端游上线当季，网易便马上立项进行"吃鸡"类游戏的研发，其孵化的《突击风暴》为后来《荒野行动》的研发储备了核心团队与能力。

《荒野行动》以"9117"模式密集开发，高频迭代"日服"版本，不断优化体验。该游戏取得成功主要表现为线上与线下相结合。线上，与Line签订独家合作协议，占领日本社交网络渗透率最高的平台；在Facebook、Twitter等平台精准投放广告，锁定与游戏目标群体标签相似度高的玩家；线下，则聚焦一线城市电视、电车、楼宇广告牌等投放广告。

在游戏上线前，网易游戏市场部门就对日本游戏市场进行过全面调研，经数据推测后发现射击类游戏已有稳定的消费群体，且手机游戏市场同质化严重，而逃杀类游戏市场则一片空白。《荒野行动》发布后，配合Google Play的数据反馈，日本便被网易准确锁定为核心发力市场。与此同时，网易在日本市场已形成一定模式，内部拥有《阴阳师》等游戏的出海经验，在市场洞察、用户喜好等方面也有着较深的经验积累。

2. 本土化，泛娱乐运营双轮驱动

针对日本游戏市场用户画像的特征，游戏运营方量身定制了人物模型、声音、地图、皮肤等，让偏爱本土风的日本玩家倍感亲切。在游戏难度方面适当升级，调低日版游戏中摇杆的精度，为微操位移和狙击带来更大挑战，让玩家沉迷其中，乐此不疲。在付费创新方面，付费点以购买皮肤和开扭蛋、宝箱为主，契合日本玩家的付费习惯，形成高频、小额、持续付费的行为习惯，吸引玩家逐步重度投入。在泛娱乐运营方面，通过"快速拉新""文化认同""增强黏性"三步，将"路人"转变为"忠粉"；通过在 Line、Facebook 和 Twitter 上大量的广告投入，精准吸引新玩家；与知名 IP 及编剧合作，携手《进击的巨人》《怪物弹珠》的 IP 与电影《大逃杀》编剧深作健太，构建匹配日本玩家的游戏世界观；通过"圣诞老人击杀令"等节日活动造势，吸引女性玩家参与，扩大辐射群体并刺激玩家消费。

3. 轻度付费，回应及时

《荒野行动》之所以能够大获日本玩家的青睐，有两个重要原因：其一是游戏内的付费点相对较少，主要集中在礼包、人物皮肤和枪械皮肤上，且这些道具均没有属性加成，并不会破坏游戏的平衡性，这样一来便给新手玩家或平民玩家带来了较好的游戏体验；其二，针对玩家的反馈回复迅速，《荒野行动》"日服"运营团队往往会在游戏内客服渠道、游戏客服邮箱第一时间回复玩家的问题，这也提升了游戏玩家对游戏的黏性。

六、*Call of Duty*: *Mobile*

在传统射击游戏领域，*Call of Duty* 可谓火遍全球。从 2003 年起至今，该游戏发布的系列作品已有 19 部。*Call of Duty* 是美国动视暴雪的一款招牌游戏，*Call of Duty*: *Mobile* 则是 *Call of Duty* 的移动版本。2019 年 10 月，该游戏在泰国一上线就收获了大批粉丝玩家。玩家在游戏中扮演士兵参加战斗，画风十分逼真、写实。

Call of Duty 作为一个全球性的游戏 IP，已成为一种文化符号，这一延续了多年经典且极具影响力 IP 让 *Call of Duty*: *Mobile* 具备先天优势，获得了大批的流量和资源支持。*Call of Duty*: *Mobile* 将历代中端游的精华元素都融入其中，带给了玩家既熟悉又新颖的游戏感受。因为得到端游玩家的普遍认可，*Call of Duty*: *Mobile* 一上线便迅速传播开来。

精良的游戏品质和玩法也是游戏得以形成口碑的关键。*Call of Duty*: *Mobile* 被赞誉为"移动端 3A 大作"。游戏采用拟真设定，通过逼真的游戏画面、细腻的声光特效、流畅的换弹动作使玩家身临其境，获得了沉浸式战斗体验。在游戏玩法上，*Call of Duty*: *Mobile* 不断适应移动端，实现突破创新。除了新加入大逃杀模式、每个人拥有独立故事等玩法设定，*Call of Duty*: *Mobile* 还有一个在诸多游戏中十分罕见的系统——枪械工匠，即玩家可以自由组合枪械的瞄准镜、枪口、枪托等 9 个位置的配件，完成一次虚拟枪械 DIY。这意味着游戏赋予了玩家组装枪械的自主权，使玩法变得更为丰富，极大地激发了玩家的探索欲与创造欲，从而增强了玩家的黏性。另外，游戏在满足"硬核玩家"与 IP 粉丝需求的同时，还做到了向下兼容。比如"一键开镜"的设计降低了玩家上手的门槛，既保障了游戏的竞技性，又强化了玩家的参与感。正如 *Call of*

Duty：Mobile 的主策划所言："IP 带来了巨大的流量以及产品在市场上的影响力，而好的品质和过硬的玩法内容则进一步加强了口碑效应，并且很好地留住了玩家。"

移动电竞赛事作为提高游戏声量、扩大覆盖范围的重要载体，也是 Call of Duty：Mobile 主要的传播策略。Call of Duty：Mobile 移动电竞赛事主要分为三大部分：动视暴雪举办的国际赛、各地区运营方举办的大师赛和各类第三方赛事。2019 年，Call of Duty：Mobile 在东南亚地区推出第一个官方电竞比赛——Call of Duty® Mobile：Mission One。该比赛面向泰国玩家举办，近 1000 支队伍报名。Garena World 2020 也在泰国举办，发起了 Call Of Duty Mobile Garena Invitational，来自泰国的两支队伍参与其中。这些赛事的成功举办，意味着泰国游戏市场对 Call of Duty：Mobile 的认可，以及游戏越来越庞大的玩家规模。

Call of Duty：Mobile 从品质、玩法、IP 还原等多个维度增加了游戏体验，提升了赛事竞技的多样性，不仅有利于进一步增强用户的黏性，而且还吸引了不同游戏端的玩家，发挥了"破圈宣传"的效应。但值得注意的是，相较在欧美市场的火热，游戏运营方对 Call of Duty：Mobile 在泰国的社会化媒体运营传播却重视不够。在 Twitter、Instagram 上，官方账号粉丝量少，活跃度低；而 YouTube 上的官方账号 Garena Call of Duty Mobile Thailand 仅有 8 万多订阅者。如何维持热度、开发潜在游戏用户、把握泰国游戏市场，这是该游戏运营方需要认真思考的问题。

第三节　MMORPG 类游戏

MMORPG 是 "Massive Multiplayer Online Role-Playing Game" 的缩写，意思是 "大型多人在线角色扮演游戏"。这是非常流行的一种网络游戏，指在所有角色扮演的游戏中，玩家都要扮演一个虚构角色，并控制该角色的许多活动。

在传统电脑游戏时代，MMORPG 类游戏具有极大的市场占有率，《魔兽世界》《龙之谷》《天下三》《永恒之塔》《天龙八部》等都属于这类游戏。因为移动端手机屏幕太小等原因，MMORPG 类游戏并不流行，所以 MOBA 类游戏和 PUBG 类游戏才能称霸手机游戏市场。但《原神》的出现，让 MMORPG 类游戏开始在移动端流行起来。

《原神》是由上海米哈游制作发行的一款开放性世界冒险游戏。2020 年 10 月 29 日，Sensor Tower 发布了《原神（移动版）》上市以来 30 天的预估收入，以 2.45 亿美元高居同时间段全球手机游戏首位。需要说明的是，这个数字并不包括中国及其他地区第三方安卓市场的收入。

该游戏一方面收入的主要来源是日本市场。根据 Sensor Tower 商店情报平台公布的数据显示，2020 年 11 月和 2020 年 12 月，《原神》在日本市场的收入超过了中国，其中，2020 年 12 月《原神》在日本的收入占比高达 30.3%。此外，2022 年 1 月，《原神》拿下海外手机游戏的月收入冠军。

《原神》无疑成为业界讨论度最高的话题游戏之一，而获得话题、数据 "双红" 的《原神》无疑是成功的，但《原神》的成功既在情理之中，又在意料之外。基于对《原神》的监测，下面从全球化策略、舆论营销、用户触达、多渠道发售、虚拟物品消费等五个方面综合探究这款手机游戏的成功之处。

一、全球化策略

作为本体免费、内购付费的一款网络游戏，借鉴《崩坏》系列游戏的全球发行经验，《原神》大胆采取了传统 3A 单机大作的全球同版本发行模式。同时，为了保证以最好的品质呈现游戏魅力，以"二次元"卡牌手机游戏为框架的《原神》同时发行了 PC、PS4 版本，为各类玩家提供了极高品质的 free-to-play 游戏。对于这一点，海外玩家用户给予了较高评价。

上海米哈游在克服种种困难完成全球全端同步发行的同时，也收获了全球的话题性爆发，实现了全球发行资源高度有效整合，同时为各位玩家提供了多端互补游玩场景，以提升用户黏性。与此同时，《原神》官方宣发以官方消息、全新内容为主，以自身内容带动话题；而 PC 先行上线、全球版本发行等动作持续提供了新话题，拉高了热度，整体延长了游戏上线热度的周期。

二、舆论营销

《原神》不仅是一款手机游戏、一款 PC 端的网络游戏，还是 PS 和 Xbox 主机上的网络游戏。与此同时，《原神》还是一款比较有争议的游戏。一些玩家总是拿这款游戏与《塞尔达传说：旷野之息》对比，质疑《原神》有抄袭《塞尔达传说：旷野之息》之嫌。自《原神》首发 PV 发布，"抄袭塞尔达"的话题就一直延续到其上线期间，正反双方的争论话题将《原神》热度推到"二次元"史无前例的高度。

《塞尔达传说：旷野之息》销量超 2500 万套，成为《塞尔达传说》整个系列销量最高的作品，Switch 游戏主机销量则超过了 1 亿台，足以将之载入游戏界的史册。这两款游戏的比较，在游戏玩家中形成巨大的舆论，无形中为《原神》作了有力的宣传。

复盘《原神》从首次曝光到上线期间的舆论风暴，大致可分为四个阶段：首发 → 登录 NS→ 大规模测试 → 全球公测。每个阶段的舆论波峰皆因官方事件而起，玩家用户辩驳的焦点也逐渐随之转移，参与舆论战场的群体属性日益多元化。

三、用户触达

游戏运营方实行内外分级严控，打造核心玩家用户。对内，自建纯净的"米游社"，圈定超级核心用户；对外，对可控社区加以严控，对不可控社区进行冷处理及精细化运营，将社区舆论尽量控制在一定范围。

优秀的产品品质、忠诚度高的基础核心玩家用户、正向的品牌口碑，为《原神》提供了"不翻车"的正面舆论。持续的话题热点出现使游戏热度提高，吸引更多潜在玩家用户进入。最后，《原神》以优秀的品质"收割"了大量潜在玩家用户。

《原神》基于强大的内容自信，一方面，放弃"硬核"联盟等安卓应用商店渠道，仅保留 bilibili、TAPTAP 内容渠道商合作；另一方面，进行少量广告的曝光，广告投放量远低于其他"二次元"手机游戏。

四、多渠道发售

基于游戏的跨平台性质，《原神》在宣发上通过不同阶段、不同媒介立体式包围主机玩家。

前期预热阶段，《原神》借助话题事件及跨平台宣传资源，获取核心玩家用户的关注。根据 Google Trend 的热度数据显示，在《原神》上线前最大的话题事件为 2019 年发生的"PS4 砸机"事件，该事件经 Twitter 传至海外市场。同期，在 You Tube 的视频宣传下，点赞量最高的一条评论指出，正是因为这一事件让众人认识了《原神》这款游戏。此外，在测试期间，《原神》也获得了官方的多次助推，从而在海外"硬核玩家"中拥有了一定知名度。

上线曝光阶段，《原神》广告投放模式更接近于主机游戏。相较手机游戏产品，《原神》整体买量规模中等，素材也更强调品牌的特色。以游戏内的实景演示为主，《原神》并未采用代言人、趣味广告等手机游戏推广套路。同期，《原神》加强了各类渠道之间的联动，被 Play Station 评选为"9 月最受玩家欢迎游戏"。游戏还在 TGS 进行线上直播互动等，从而增强了玩家用户对游戏的认知。

可以说，游戏运营方从游戏研发一开始就颠覆了国内游戏市场的格局。此外，在宣发预算有限的情况下，游戏运营方突破了传统大而泛的买量营销模式，采取更为精细化、本土化的运营策略，这也是其制胜的关键之一。

五、虚拟物品消费

在《原神》中，"氪金"是"充值"的意思。"原石"是一种很重要的货币，但在游戏中，原石的获取极为不易。玩家若每天完成常规任务便可获得 60 原石，如果充值月卡，则可每天多获得 90 原石。玩家若坚持一个月每天都完成任务的话，就会获得五六千原石的收入。

"抽卡"也就是"祈愿系统"。160 原石可抽一次，玩家连抽 10 次便可以保底获得一个"四星角色"。玩家连抽 90 次，也就是花费 1 万多原石，便可以保底拥有一个"五星角色"。玩家为了获得足够的原石、抽到自己想要的英雄人物角色，要么花费大量时间玩游戏挣原石，要么直接付费去"氪金"。因此，玩家便戏说"又肝又氪"，意思是既要长期熬夜伤肝打游戏，又要花费大量金钱充值，真不懂到底为什么这么上瘾……

《南方周末》曾刊载一篇文章《系统》，该文章作者曹筠武凭此文荣获2009年"骑士国际新闻奖"。《系统》描述了一个玩家在玩《征途》中为了当上国王不惜花费数10万元的故事。《征途》的规则是让玩家不断加入战争，从而刺激他们购买虚拟道具，但是当玩家突然觉醒并厌倦了战争想要和平的时候，游戏系统便会将这些玩家关进游戏中的监狱。笔者认为，所谓的系统就是代码，代码决定着游戏世界的一切，如果应用不当则很容易限制人的自由。

尼古拉斯·尼葛洛庞帝把物质世界称为"原子（atom）世界"，把数字化社会或网络社会称为"比特（bit）世界"。他认为"信息时代比特超越原子，成为人类生活中的基本交换物"。曼纽尔·卡斯特也曾说"信息即原料"——信息已经开始物化了。笔者认为，在网络游戏中消费已经开始从 A（atom）到 B（bit），即从原子向比特转换了。农业社会民以食为天，满足的是人们物质、生理的需要，但在网络社会中，游戏的重要性越来越凸显。如今，青少年对网络游戏的依赖程度已不亚于现实生活中对衣食住行的依赖。过去，我们认为虚拟物品消费是一种不理智的行为，现在的青少年却不这么认为。

斯科特·拉什早在《符号经济与空间经济》一书中就论述了符号经济在资本主义后期的重要作用。资本主义经济危机是生产过剩的危机，大量的产品不得不降价处理，而资本家通过符号经济来解决这个问题。拉什在《全球文化工业：物的媒介化》中比较了传统文化工业与全球文化工业的异同。笔者认为，物的媒介化其实也就是符号化。拉什认为，文化工业主要以商品形式运作，而全球文化工业则以品牌形式运作。商品运作依靠同一性的机械原则，品牌运作依靠差异性的动态生产。通过对文化工业与全球文化工业的差异分析，拉什指出，在全球文化工业中，不仅媒介变为物（如游戏玩具和迪斯尼城堡），物也变为媒介或者符号（如耐克运动品牌和斯沃琪手表）。对此，笔者同样认为，在网络游戏中，消费在本质上是一种符号经济。

在当今的"奇观社会"中，大多数人乐于追求奇观，马克思所说的"商品拜物教"已经变成"商品拜象教"，人们更乐于追求视觉符号。网络游戏是现实社会的影子，在现实生活中追求符号的人们在网络游戏中依然如此。玩家希求自己能获得一身"橙装"（《魔兽世界》等游戏中"橙装"代表最高等级），拿着酷炫的武器、骑着夸张的坐骑在虚拟世界招摇过市……这些在游戏中花重金购买的宝剑、坐骑等，构成了游戏世界中的种种"奇观"。

让·波德里亚在其著作《消费社会》中曾说："消费不仅是一个经济的实用过程，而且是涉及文化符号和象征意义的表达过程，消费的象征性使人们在消费的同时也向社会大众表达和传递了某种意义和信息，包括自己的地位、身份、认同等。"大多中国人都爱面子，在现实生活中往往愿意为奢侈品埋单。在网络游戏的虚拟世界中，玩家为了面子、身份，同样非常积极为虚拟产品埋单。从本质上来看，网络游戏是一个充满了奇观的炫富空间，玩家在游戏中往往热衷于炫耀自己的排名、铠甲、武器、坐骑等。

我国网络游戏产业发展可观，但在这种表象之下却存在着极大的隐患。欧美游戏产业主要靠出售正版游戏软件等盈利，产品一般都明码标价，玩家不太会出现非理性的过度消费现象。但是目前很多中国玩家的消费较不理性，主要是因为所谓的免费游戏到处充满了诱导玩家充值的陷阱。可见，国家对网络游戏的管理还有待加强。另外，还要加强对青少年的游戏素养教育，避免他们掉进一些游戏中的陷阱。据笔者调研所知，很多生活在城市里的青少年玩家偏爱《魔兽世界》这样的游戏，在游戏中消费较为理性，反而是一些来自乡镇的青少年常沉迷于一些不知名的网络游戏，并时常出现极不合理的消费问题。

第四节　SLG 类游戏

一、《万国觉醒》海外火爆

SLG 是 Simulation Game 的缩写，指一种策略模拟游戏的意思。《红色警戒》《星际争霸》《魔兽争霸》《万国觉醒》都属于 SLG 类游戏。《万国觉醒》是一款高自由度的军团战略手机游戏。游戏中，玩家需要建造和升级城市、生产资源、研发科技、制造部队和提高战斗力。《万国觉醒》于 2018 年在海外市场上线，直到 2020 年 9 月才在中国正式上线。

从研发方式上进行划分，我国现有的出海游戏主要可以分为改制出海游戏和定制出海游戏两大类。改制出海游戏如《王者荣耀》，该游戏在国内取得巨大成功后，腾讯对其进行了一些翻译和人物角色的修改便投放到国外市场。定制出海游戏则是指为海外特定市场从零开始定制、研发的游戏，这类游戏开发难度相对较大，在进行游戏策划时也会更多地考虑国外玩家的需求。定制出海游戏一般都是直接投放到海外市场的。《万国觉醒》是定制出海游戏的典型代表，在海外取得了巨大的成功。《万国觉醒》自 2019 年 12 月进入日本市场以来，收入屡次强势上扬。在美国市场，该游戏虽上市较长，但收入仍在快速增长。2020年第二季度，《万国觉醒》在东南亚地区收入名列第四，取得了不错的成绩。在中国游戏海外收入榜上，《万国觉醒》名列前茅，有时甚至还超过腾讯、网易开发的一些游戏而名列第一。

对一款游戏的研发来说，美术风格至关重要。根据莉莉丝公司CEO王信文介绍道：在《万国觉醒》刚立项的时候，就开始了对美术风格的测试——假设游戏已经做出来，并在 Facebook 等国际社交平台上投放游戏广告。通过对比多组美术风格的点击率和转化率，可以知道最受玩家欢迎的是哪种美术风格，从而提升了后期游戏成功的概率。根据市场反馈，该游戏最终选用了最适合全球发行的美式卡通风格，因为其人物造型可爱，色调鲜艳明快，3D 建模精细，达到了国际一流的水准。

二、网络游戏中人际交往的三种形式

《万国觉醒》的玩法有一个显著的特点，那就是玩家必须要加入一个公会。公会是网络游戏中常见的一种组织，一般由几十个玩家或者上百个玩家组成一个帮派，团结一心对抗敌人。来自不同国家的玩家在游戏中相互交流，能够起到增进情感的作用。

首先，我们来解释一下为什么网络游戏中会存在人际交往的问题。在网络游戏中，玩家必须合作，单靠一个玩家的力量通常是无法击败敌人的。例如，在《魔兽世界》中存在兽人、暗夜精灵、人类、熊猫人等13个种族，存在圣骑士、法师、牧师等不同的职业，这些分类看似眼花缭乱，但实质上主要可分类为"Tank""DPS"和"奶妈"三种类型的玩家。"Tank"，生命值比较高但攻击力弱；"DPS"，攻击力强但容易死；"奶妈"，可以给友军治疗和增加能力。

一般在战斗中，"Tank"会冲在最前面充当盾牌，"DPS"在后面进行攻击，而"奶妈"看到哪个角色快死了就去治疗。一般一场战斗往往有几十个玩家参加，这三类玩家要完美配合才能取得胜利。

在网络游戏中需要严密的分工是毋庸置疑的。埃米尔·涂尔干曾经说过，不同性和相似性都是产生相互吸引的原因。虽然有时是"物以类聚，人以群分"，意气相投的人容易聚在一起，但有时性情相反的人在一起合作更合拍，比如《魔兽世界》中的"Tank"和"DPS"。

涂尔干在《社会分工论》中还说过：劳动分工的最大作用并不在于功能以这种分化方式提高了生产率，而在于这些功能彼此紧密地结合。分工的作用不仅改变和完善了现有的社会，而且使社会存在成为可能，也就是说，没有这些功能，社会就不可能存在。游戏中的分工促使玩家必须结盟合作，这也是游戏公司所愿意看到的情景。因为玩家在游戏中结识的朋友越多，玩游戏的时间就会越长，游戏公司就会赚到更多的钱。有些游戏，如《部落冲突》中的人物角色虽然没有分工，但玩家也必须参加公会，靠公会的帮助才能生存。总而言之，在网络游戏中，玩家不能不交往。

《陌生人和朋友：魔兽世界中的合作游戏》一文介绍了《魔兽世界》中的三种社交方式：第一是公会那样的虚拟社区，第二是结节（Knots），第三是现实朋友之间的组合。笔者认为，在这三种社交游戏中，第一种最有研究价值。下面就这三种社交方式一一展开论述。

1. 公会

公会，是网络游戏中最常见的人际关系组织形式。在谈论公会之前，我们先来看两个概念——"社区"和"虚拟社区"。"社区"

一词最早由斐迪南·滕尼斯提出，经常被翻译成"共同体"或"公会"。社区往往指的是通过血缘、邻里和朋友关系建立起来的人群组合，主要根据人们的自然意愿结合而成，而人们的关系通常建立在习惯、传统和宗教之上。血缘、邻里和朋友关系是社区的主要纽带，在这里，人们交往的目的和手段是一致的。传统的农村便是社区的代表之一。

在《虚拟社区：电子边疆的家园》一书中，霍华德·雷因歌德首次使用了"虚拟社区"一词。雷因歌德指出，虚拟社区系源自电脑中介传播所建构的赛博空间，这是一种社会集合体，它的发生源自虚拟空间上有足够的人、足够的情感与人际关系在网络上的长期发展。雷因歌德认为，虚拟社区是一群人从事网络公众讨论，经过一段时间，彼此拥有足够的情感之后所形成人际关系的网络世界。

"公会"一词在不同的游戏中经常有不同的名称，如工会、帮派、部落、联盟、血盟、氏族等。笔者认为，公会可以分为普通公会和专业公会两种。

普通公会是网络游戏中的一种虚拟社区。维基百科对此的解释是："游戏公会是电子游戏中拥有相同目标的玩家所组建的在线组织，其成员可以在其中分享和交流信息并进行物品买卖。组建公会可能需要审核，公会在游戏中经历的大事件会被记录，其中不同的成员可能会因其贡献的不同而被公会会长授予不同的权限。很多公会有等级制度，活跃的成员可以获得较高的等级，不活跃成员的等级会下降甚至被逐出公会。大多数在线多人游戏都可以组建公会。"

专业公会则是从游戏中衍生出来的，具有一定规模的较专业的游戏玩家所组成的团体。

百度百科对"公会"的定义是："不依附于某款具体游戏，拥有游戏之外的交流手段，拥有网站或 BBS 论坛、YY 频道、QQ 群等，有特定的名称与标识，有严格的规章纪律及权责划分，以玩游戏为主要目的聚集起来的人群。"作为普通网络虚拟社区的游戏公会，一般为数十人到上百人，专业公会通常更多，如"第七天堂""灭世狂舞""星辰公会""北狼公会""珈蓝神殿"等，这些公会的成员可多达上万人，且玩家多为"骨灰级"职业玩家，他们有自己的BBS论坛，还经常组织线下聚会。例如，"网络十字军"是中国最早的一个游戏公会，其网站后来发展成中国最大的网络游戏网站"17173"。该公会成员活跃于《万王之王》《魔剑》等游戏，并曾在EQ平台上击杀了欧美玩家四年都没能杀掉的且号称为不可能被杀掉的Boss——克拉夫，为中国玩家赢得了至高无上的荣誉。"第七天堂"则是《魔兽世界》里的顶级公会，该公会完成了《魔兽世界》的"燃烧的远征"资料片中的大部分全国FD（first down，首次击杀），并于2008年6月2日在中国首次"击杀"了Boss——伊利丹。"北狼公会"是后起之秀，其论坛拥有30多万会员。玉树地震发生时，"北狼公会"捐款17万元，现已发展成为一种类似NGO的社会组织。普通玩家一般不会加入甚至听都没听说过这些顶级公会，而通常只是在游戏中加入一些小公会而已。

　　威廉·姆斯和督切内特等人合著的《丛树屋到兵营：魔兽世界公会中的社交生活》介绍了游戏中公会的人数多少、公会的分类等相关信息。该书作者采用网络民族志的方法长期深入到《魔兽世界》的公会中，在探访了40多名的玩家后发现，在游戏的规则设置中，游戏鼓励某种形式的互动，但同时又限制另外一些方式的互动。《魔兽世界》丰富了玩家在现实生活中的关系，使他们结识成为新朋友并增加了社会资本，促进了玩家之间的社交。

　　姆斯等人统计了《魔兽世界》中公会的大小：小公会1—10人，中等公会11—35人，大公会36—150人，巨大公会150人以上。可见，不管是 PVE（player vs environment）公会，还是 PVP（player vs player）公会、休闲玩家 RP（role play）公会，30 至 60 人组成的公会是最常见的。当然，这只是《魔兽世界》中公会的大小，其他网络游戏的公会各有各的不同。

一个公会可能维持不了很长时间就会解散，这就是姆斯所说的"公会震动"。据统计，《魔兽世界》中 21% 的公会在建立一个月后就会解散。采访中，很多玩家表示自己会经常换公会，他们只是把公会当成垫脚石，当自己的目标和公会的目标不一致时就会选择离开。姆斯等人认为，维持公会稳定的一个重要因素是公会的领袖，一个不好的领袖会导致公会的破裂；而作为一个公会生存和发展的关键，公会领袖必须要有领袖魅力，有远见，懂政治，且有个性。

2. 结节

结节指的是短期内由陌生玩家临时所组建的一种组合。就好比旅游团中偶遇的游客，他们之前并不认识，但因为缘分临时凑在了一起。在游戏中，当玩家需要完成一个任务而无法独立完成时，经常会邀请其他玩家和自己一起组队。结节与公会中的组队有着很大的不同，公会成员往往都有着长期而熟悉的关系，而结节中的玩家大多是陌生的关系。

曾任教于斯坦福大学和哈佛大学的劳伦斯·莱斯格认为，赛博空间是不同的。他曾说："我这里所描述的不同空间互有差别，这些差别正是我描述的目的。我的任务是提醒你这些空间具有不同的特征，并再次向你提示造成这些特征差别的原因所在。"确实如此，每一款网络游戏由于代码不同，设定也各不相同。比如，《部落冲突》的人际关系主要是靠公会这样的虚拟社区来维持，玩家之间彼此都很熟悉。而在《神雕侠侣》中，玩家之间的人际关系主要靠结节这种方式来维持。显而易见，结节这种组合方式远不如公会那样能够促进玩家之间的社交。

3. 现实朋友之间的组合

和现实生活中认识的朋友组队一起玩游戏，这种方式也很常见。例如，与现实中认识的朋友一起玩《魔兽世界》这类游戏，在分配战利品的时候往往更加可靠，大大降低了游戏中的交易风险。

腾讯一向非常重视现实生活中的朋友组队一起玩游戏的模式，除了《英雄联盟》，《天天联盟》《天天酷跑》《天天飞车》《天天炫斗》等都会奖励玩家邀请自己的 QQ 好友或微信好友一起组队玩游戏。采用这样的策略后，每当腾讯新推出一款游戏，不用多久就会有几千万的玩家进入其中，并且黏性非常高。

游戏受到"同辈压力"的影响也很大。如果大学某个宿舍的男生在玩某款游戏，就会像病毒一样传染给其他宿舍的男生。就笔者的亲身经历来说，高中时玩的《星际争霸》和大学时玩的《魔兽争霸》《暗黑破坏神》几乎都是与同学聚会时必玩的游戏，别人玩你不玩，就会显得无法融入其中。而你如果游戏玩得好，往往会在同学中受到极高的尊重。当年红遍全国的《红色警戒》《星际争霸》等游戏就介于单机游戏和网络游戏之间，可以自己玩，也可以和朋友一起玩，当时只是没有公会这样的网游虚拟社区而已。因此，网络游戏中的第三种社交方式——"和现实生活中的朋友一起玩游戏"其实很重要，在青少年成长的过程中起到了非常重要的作用。

三、《万国觉醒》中的人际交流

北京大学教授胡泳在翻译克莱·舍基的著作 *Here Comes Everybody* 时，为该书新起的名字——《未来是湿的：无组织的组织力量》，在笔者看来格外精彩。胡泳解释了这个书名的灵感是来自于姜奇平先生所说的一番话：

苏联故事片《办公室的故事》中有段精彩对白，比较接近本意。女上司严厉地质问男主角："你说我干巴巴的？"男主角吓得摇手说："不，正相反，你湿乎乎的。"

这个社会，如何不是干巴巴的而是湿乎乎的？意思是社会如何成为更人性的、更有人情味的？互联网的终极意义、社会性软件的终极意义就在于解决这个问题。

人们往往有一个错觉，就是以为发明互联网是为了让这个世界更技术化、更干巴巴。其实正好相反，借由社会性软件，我们可以看出互联网的人文含义就是让世界变得湿乎乎的，或很俗地说，让世界充满爱。

齐格蒙特·鲍曼在《共同体》中这样描述："共同体"这个词传递的感觉总是很美妙的。"共同体"是一个温暖而舒适的场所，一个温馨的"家"，在这个家中，我们彼此信任、互相依赖。然而，"共同体"不是一个已经获得和享受的世界，而是一个我们热切希望栖息、希望重新拥有的世界。这是一个失去了的天堂，或者说是一个人们还希望能找到的天堂。游戏中，公会就恰似鲍曼所说的"共同体"。尤其是在移动手机游戏中，人们可以随时登录游戏，公会成员与你随时随地同在。而游戏公司一般乐意把公会建设成一个友爱的"共同体"，因为这样可以提高玩家对游戏的黏性，从而延长玩家的在线时间。公会成员们几乎每天都能"见面"，比与现实生活中同事、邻居的交流可能还要多。逢年过节，公会成员之间还会互送祝福。

相较于《王者荣耀》《原神》等，《万国觉醒》的社交功能更为强大。笔者曾在一个中国台湾同胞所组建的游戏公会中待了很久，最后与其中很多成员都成了好朋友。

笔者认为，公会降低了玩家的协调成本，公会保证玩家之间能保持联系并易于保持联系。理性的玩家应能认识到，公会成员之间的互惠性服务不止于当前的交易，而是可以保持更长远的互惠互助。也就是说，公会延长了玩家之间互惠性服务的期限，使其超越单次交易的层次而着眼于长远的互惠互利，以使玩家之间更容易形成一种稳固的关系并保持下去。

与此同时，因为公会提供了多种便利的人际交往工具，玩家之间的互动频率和亲密性也就比在游戏里的"萍水相逢"更强。一个服务器往往有难以计数的玩家，而一个玩家认识的其他玩家是有限的，通常两个玩家要经过数次的"擦肩而过""并肩作战"才能彼此熟悉、有所互动，还要有足够多的"交集"才可能发展到最后相互倾诉的亲密关系。但公会对此可以提供有效的帮助。如果一个玩家对公会内的某位陌生玩家感兴趣，可以进入公会去观察他、接近他。此外，在游戏的虚拟世界里，一个玩家如果遭遇危机或需要他人分担风险时，公会成员是其可以依靠的对象。有的公会甚至将此规定为每位成员必须履行的义务。可以说，公会为玩家提供了彼此交流的工具和机会，让他们相识、互动、互助，这就促进了玩家之间一种相对稳定、信赖关系的形成。也正因为公会提供了这种强大的社交功能，才使得玩家愿意花很多的时间和金钱停留在游戏的虚拟世界中。

鲍曼梦想的"共同体"可能会率先在网络世界中实现，这也应验了麦克·卢汉"重返部落化"的预言。正如胡泳所说，互联网变得"湿乎乎"的，在游戏公会中充满的爱并不少于在工作单位中获得的爱。在现代社会，科技的作用毋庸置疑，而人文的东西也至关重要。西方向来重视科技，而中国人可能因为受传统儒家的影响而更重视人际关系。因为"君子乐群"的缘故,中国人更喜欢一群人玩网络游戏。所以,我们有理由相信,未来是"湿乎乎"的,也是充满仁爱的。

几千年来人类一直追求的"巴别塔"在虚拟的网络世界中可能会成为现实。社交属性极强的SLG类游戏要想"笼络"全世界更多的玩家,语言不通是一个亟须解决的问题。《万国觉醒》以其内置的语种自动识别和自动翻译两大功能推倒了横在不同地区、不同国家玩家之间的"巴别塔",只需要轻轻点击屏幕,就能让来自不同国家和不同地区的玩家之间实现语言的互联与互通。

中国网络游戏在东盟
传播的建议与对策

第一节　融入中国文化元素，讲好中国故事

一、用游戏讲好中国古代故事

网络游戏是讲好中国故事的一个重要媒介。中国网络游戏如《仙剑七侠传》《轩辕剑》《剑侠情缘》《古剑奇谭》等，都是以中国古代为背景所设置的游戏世界。

中国网络游戏很大程度上是中国古代文学和绘画的延续，尤其在画风方面受此影响更明显。东晋时期，知名画家顾恺之基于曹植的《洛神赋》创作《洛神赋图》，描绘了曹植与洛神相见、爱慕、离别的故事，这可以说是中国最早的连环画或漫画。

中国动画的绘画风格从一开始就受到了中国传统画法的极大影响。从1942年亚洲第一部长篇动画《铁扇公主》，到20世纪50年代的水墨动画，再到后来的《大闹天宫》《小蝌蚪找妈妈》《哪吒闹海》等动画杰作，"中国动画学派"日渐成为世界重要的动画艺术流派之一。早期，中国动画从中国传统绘画中汲取了很多营养，如特伟制作《小蝌蚪找妈妈》的灵感就是想让齐白石的画"动"起来。《大闹天宫》《哪吒闹海》里的人物和风景也都借鉴了中国传统绘画艺术，尤其受道教清逸、飘扬的风格影响很大。

在剧情方面，中国动画受中国道家文化的影响也很深，很多有名的动画作品都改编自中国古代神话故事。中国最早的动画大师首推万籁鸣。20世纪40年代，万氏兄弟制作了亚洲第一部长篇动画《铁扇公主》。中华人民共和国成立后，万籁鸣创作的《大闹天宫》在国际上获得很多大奖，至今中国其他很多动画片仍难以超越。中

国另外一位动画大师王树忱平时喜爱看《山海经》《封神演义》等书，他制作的《哪吒闹海》就充满了很多道教文化元素。可见，无论是在绘画风格还是故事剧情，中国传统的道教文化均为现代动漫画的制作提供了丰富的素材。

很多网络游戏的研究学者主张用传统分析戏剧和电影的叙事学方法来分析游戏。布伦达·劳雷尔在《作为戏剧的电脑》一书中认为，应用叙事学理论来分析电脑游戏，她认为电脑不是一种计算工具，而是一种类似戏剧的媒介。亨利·詹金斯也认为，网络游戏以一种多媒体的、讲故事的方式，使内容产品在不同的媒介间转换，游戏是与电影、小说、动漫类似的一种形式。

网络游戏是一种集合了文学、绘画和音乐的多媒体艺术形式。用网络游戏叙事的观点来看，网络游戏是电影、戏剧、小说等传统媒介的一种延伸。中国网络游戏代表作品《仙剑奇侠传》和《轩辕剑》都具有明显的道教色彩。在《仙剑奇侠传》中，刘晋元与蝶仙的恋爱很像许仙和白素贞的故事，而"酒剑仙"的形象又像极了道教神仙吕洞宾。游戏中有一首诗这样形容"酒剑仙"："仗剑红尘已是癫，有酒平步上青天；游星戏斗弄日月，醉卧云端笑人间。"另一款游戏《轩辕剑》的故事核心是轩辕黄帝留下的一把宝剑，我们知道，轩辕黄帝是道家的一个代表人物，古代经常用"黄老"来指代道家。另外，在《轩辕剑》中还有女娲石、伏羲琴及《山海经》的各种道教元素。

《王者荣耀》受追捧的重要原因之一就是承载了中国传统文化，许多耳熟能详的历史神话人物化身为游戏中的英雄角色，在战局中各显神通。《王者荣耀（海外版）》作为中国出海的代表性游戏，也保留了中国特色，中华传统文化元素在游戏中清晰可见。该游戏推出了多款彰显中国传统文化的英雄角色和皮肤，且最大程度地保留了中国风，使它们变身成为"中华文化输出大使"。而这些英雄角色凭借其形象和技能也引起了海外玩家的兴趣，使他们对中国古代文化和中国神话故事产生了浓厚的兴趣。

腾讯为每个英雄角色编写的人物故事正是玩家从文化层面认识英雄角色的重要途径。在神话传说中，关于孙悟空的故事通常是这样的：悟空带着唐僧，闯过九九八十一难，用金箍棒战胜了无数凶恶的妖怪。泰国不少受访玩家表达了自己对"孙悟空"这一角色的喜爱："游戏里的中国英雄，我最喜欢的就是孙悟空，因为他英勇强大、战无不胜。因为孙悟空，我还了解了不少中国的文化……"这样的泰国玩家还有很多。这意味着，游戏不仅是游戏而已，还是中国传统文化符号的输出形式。

除了在游戏角色上下功夫，《王者荣耀（海外版）》还通过运营相关节庆活动向海外玩家宣传中国传统文化。有受访者提到："我因为这款游戏知道了中国的春节。"的确，《王者荣耀（海外版）》呈现春节时的游戏界面极具特色：浓浓的中国新年风年味十足；匹配界面有中华民族的象征——龙缠绕；烟花绽放绚丽多彩，一派喜庆、祥和的景象。另外，游戏还特地推出了吕布、熊猫ZUKA的新春皮肤，其火红的视觉设计、鲜明的中国元素直观地传达了中国传统春节的韵味。

二、用游戏讲好中国现代故事

用网络游戏讲好中国故事，不光要讲好中国古代故事，更应该讲好中国现代故事。

有一位女网友曾这么描写发生在她丈夫身上的一件"怪事"："我老公第一次陪他老妈随旅游团去欧洲旅游时，发现自己对巴黎的道路和建筑竟了如指掌。在导游安排休息的间隙，他自己偷偷跑出去一路飞奔看了好几个自己想看的地方。我相信他懂做旅游攻略，也会查看地图，我也相信他对道路绝对有过目不忘的本领（生活中一直是如此，他走过一遍的路绝对不需要再问人），但对一个自己从未去过且语言不通的城市，能熟悉到一个人穿街过巷的程度，仍然是件神奇的事情吧？他说，当自己坐在塞纳河边时，眼泪情不自禁地往下流，仿佛回到阔别已久的故乡……"随后，有网友在评论区问这位女网友："你老公大概是玩过《刺客信条》的吧？"《刺客信条》是一款动作冒险游戏，游戏中的巴黎与真实的巴黎几乎高度重合，如果经常玩这款游戏的玩家去到真正的巴黎，确实有可能对各条道路和建筑了如指掌。

如今，全球最畅销的一款游戏《侠盗猎车手》也制作出了高度仿真的洛杉矶地图和纽约地图。一些玩家曾对比过游戏中这两个地方的截图和真实照片，几乎一模一样。媒介环境学的开山祖师马歇尔·麦克卢汉提出过著名的观点——"媒介是人的延伸"。对此，笔者也认为游戏更是人的延伸——通过游戏，玩家可以去到自己不曾去过的地方，丰富自己的人生体验。

2018年，笔者曾到纽约访学，因为以前玩过《侠盗猎车手4》，对纽约的地图已非常熟悉，所以给租房带来了极大的便利。在《侠盗猎车手4》中，Broker就是布鲁克林，Dukes则是皇后区。后来，我在布鲁克林康尼岛租到了房子，这地方的景象几乎和游戏中的一模一样。

西方国家在游戏赛博空间中植入城市地图、城市形象的做法值得我们学习。

"赛博空间"一词又译为"电脑空间""网络空间"等，最早由加拿大科学幻想小说家威廉·吉布森提出，该词本意是一种能够与人的神经系统相连接的计算机信息系统所产生的虚拟空间。劳伦斯·莱斯格认为，吉布森用了 Cyber 一词，可以追溯到控制论的领域，即对远程控制的研究。一般而言，BBS、Facebook、微博、微信朋友圈等社交网站都属于赛博空间，但由于网络游戏对计算机图形学的运用能够做出更为逼真的环境，笔者认为网络游戏更接近于吉布森早期所设想的空间。

柏拉图的"洞穴"颇像《庄子·齐物论》中的"庄周梦蝶"。梦中，庄子分不清楚自己究竟是庄子还是蝴蝶。而在游戏的虚拟世界中，玩家也经常会产生类似的困惑，分不清真实的自己与虚拟化身。《勇者斗恶龙6》的剧情就是在梦的世界与现实世界交替展开，主角也在扑朔迷离的情节中一步步破解自己的身世之谜。正如《黑客帝国》《盗梦空间》等电影所揭示的，在网络游戏中，我们很难确定自己目前生存的世界是否真实。

1996年2月8日，约翰·巴洛发表了著名的《赛博空间独立宣言》一文。文中，巴洛所提到的现实世界与赛博空间"边疆"的思想有些类似赫伊津哈所说的"魔法圈"。但赫伊津哈所说的"魔法圈"在充满铜臭味的网络游戏中早已被打破，而巴洛所说的这种区别现实世界和赛博空间的"边疆"也渐渐不复存在。的确，互联网诞生初期就有一种说法——"在互联网上没有人知道你是一条狗"，但是如今，互联网可能比你的亲生父母还了解你。Facebook、微博等社交网络都需要实名制，你从淘宝上购买的商品无时无刻不在泄漏着你的个人信息。赛博空间和现实生活之间是一种紧密联系的关系，赛博空间再也不是独立的了，而是受到了现实世界的各种限制与控制。

莱斯格教授很早就开始担心这种"控制"，其《代码》一书就是研究赛博空间的代表之作，自出版以来广受读者赞誉。莱斯格提出"代码就是赛博空间的法律"：如果能够拥有赛博空间的代码，就能够控制赛博空间；如果无法拥有代码，就很难控制赛博空间。莱斯格所说的"代码"，颇像赫伊津哈说的"规则"。

莱斯格指出："赛博空间不是一处地方，而是许多地方。这些地方的特点是不一致的。"他列举了三个赛博空间——美国在线、律师在线和 LamdaMOO，并分析三者的不同之处。代码造就了这三个社区，代码的差别也造成了这三个社区的差别——有些代码营造出了浓厚的社区气氛。在社区气氛浓厚的地方，社区规范就能起到规制作用。为什么会出现这些不同？对此，莱斯格强调说："赛博空间不只是一个场所，而是许多场所。网络中的场所并不只有单一的性质，而是有很多不同的性质。这些性质不是天生的，而是人造的。它们是由组成这些不同空间的架构所决定的。这些架构不是天生的，而是由赛博空间的建筑师们所设定的，这些建筑师就是代码作者。我这里所描述的不同空间互有差别，这些差别正是我描述的目的。我的任务是提醒你这些空间具有不同的特征，并再次向你提示造成这些特征差别的原因所在。"

莱斯格对当今的赛博空间进行批判，他认为网络正在朝着一个特定的方向演进：从一个无法被规制的空间走向一个高度受约束的空间。网络的本质曾经或许是它的不可规制性（即自由），但该本质即将消失。莱斯格举了一个有趣的例子：在著名美国电影《独立日》中，外星人刚来到地球时受到了地球人的热烈欢迎，最后地球人却发现外星人是想要来攻占地球的。同样，我们无比期待的充满自由的赛博空间是否会把我们带往受独裁、受统治的方向去呢？当我们每天十几个小时都要拿着手机的时候，我们不得不发问：科技到底是让我们生活得更自由还是更不自由呢？当我们沉迷于网络游戏每天都要"肝"的时候，我们是不是已经成为网络游戏的奴隶了呢？这些都是值得人们深思的问题。

约翰·密尔在《论自由》中曾发问：是什么在威胁着自由？莱斯格认为，如果说19世纪中期是社会规范威胁着自由，20世纪初是政府强权威胁着自由，20世纪中期则是市场威胁着自由。而笔者现在要说的是，20世纪末是代码威胁着自由。为了维护自由，莱斯格后来成为著名的知识共享（Creative Common）的创始人。

到底什么才是赛博空间？按迈克尔·海姆所下的定义，像单机游戏《侠盗猎车手》这样有着虚拟现实（VR）和虚拟化身（Avatar）的游戏应该算是赛博空间吧，但它没有联网。按照雷因歌德和莱斯格等人所下的定义，BBS论坛、微博等应该算是赛博空间吧，但它又没有虚拟现实的仿真图景和虚拟化身。如果宽泛地从广义上来看，单机游戏、BBS论坛、微博、微信朋友圈等都可算是赛博空间，但最像吉布森所说的赛博空间应该是网络游戏，因为在网络游戏中不但有虚拟化身，还有各种社交关系。

以《魔兽世界》为例，全球同时在线玩家最高可达500万人，这些玩家都"生活"在一个叫"艾泽拉斯大陆"的地方。《魔兽世界》玩家的BBS论坛叫"艾泽拉斯国家地理（Nation Geography of Azeroth）"。对于那些长期"生活"在《魔兽世界》中的玩家而言，他们对"艾泽拉斯大陆"的熟悉程度可能远远超过自己正在居住的城市。著名互联网学者凯文·凯利在研究互联网之前是个旅行家，当发现互联网后，并没有计算机专业背景的他把互联网当作了一个新的探险空间，对它进行探索。

安东尼·吉登斯曾批评社会学家对地理学的忽视："除了近来一些地理学家的著作，社会科学家一直未能围绕社会系统在时空伸延方面的构成方式来建构他们的社会思想。而对这个问题的探讨是结构化理论构想的秩序问题……迫使我们面对的一项主要任务。"

吉登斯在《社会的构成》一书中介绍了赫格斯特兰德的时间地

理学。赫格斯特兰德认为，身体和物理环境的性质是对人类活动产生制约的源泉，任何一种行为在时空方面的伸展都会受到一定的限制。赫格斯特兰德的时间地理学的主要内容包括：①人的身体具有一种不可分性，而在人类存在的环境中，其他一些生命体或无机体也同样具有该特征；②人类行动者所度过的一生是一种"向死而生"，具有一种有限性；③人在同时参与完成一项以上的任务方面的能力是受到限制的；④事实上，在空间中的运动也是在时间中的运动；⑤时空的容纳能力是有限的，没有两个人体能够同时占据同一空间。

地理空间是构成社会的基础。正是由于"艾泽拉斯大陆"的存在，《魔兽世界》的数百万玩家才能同时"生活"在那里。那里不光有地理空间，还有时间，单机游戏可能数天就能通关，而网络游戏可以玩上好几年。有些游戏玩家花在《魔兽世界》中的时间可能比花在现实生活中学习和工作上的时间还长，游戏里的空间和时间共同构成了他们的生活。

但是，赫格斯特兰德的理论在网络游戏的赛博空间有时可能不太适用，例如"人的身体具有一种不可分性"等。在网络游戏中肉体和精神是两分的，一个玩家的肉体可能是在网吧、宿舍，而精神却存在于另一个赛博空间。

因为来自不同国家、不同地区的人都可以进入，所以网络游戏中的赛博空间很容易成为一个宣传本国文化的场所。在2022年冬奥会举办时，游戏公司在《和平精英》游戏里植入了滑雪比赛的场景，充满了丰富的中国元素，很好地塑造了中国国际形象。如今，纽约、巴黎、伦敦等城市也经常出现在国外一些网络游戏的虚拟世界里，我们也应该重视在游戏中构建自己国家的虚拟城市。

三、讲好中国故事的典型案例——《原神》

作为讲好中国故事的重要手段，中国网络游戏离不开中国文化元素。最火爆的游戏《原神》凭借中国文化元素，被国家列为"国家文化出口重点项目"。《文汇报》曾经发文《"新文化符号"出海，上海出品的〈原神〉掀起海外京剧热》，认为《原神》在对外传播中国文化方面发挥了很好的作用，许多外国人因为这款游戏甚至开始学中文并唱起了京剧《神女劈观》。

《神女劈观》获得成功主要在于它的叙事性。戏曲和歌曲的一个重要区别就在于前者更适合讲故事。《穆桂英挂帅》《天仙配》《霸王别姬》等这些大众耳熟能详的中国传统故事，通过戏曲的形式唱出来，更容易引发观众的共情。

《神女劈观》是由游戏中云堇这一角色的父亲依据坊间传说所创作的一出戏曲，这出京剧在游戏里描绘了一位神怪仙女为保护村民挺身而出的传奇故事。

网络上有篇文章《〈原神〉不仅让外国人听了一出戏，还赚了外国人的钱》这样写道：中国戏曲圈正因为《原神》里的一出戏《神女劈观》，引发一场"诸神战争"。

《神女劈观》的原唱是上海京剧院国家一级演员杨扬，她也是荀派名家宋长荣先生的关门弟子。上海米哈游专门请来杨扬为云堇一角配音。云堇在游戏里的设定是一位戏曲名家，时常登台表演，杨扬负责为云堇演唱的戏曲配音。《神女劈观》引发了"二创"的狂潮，众多"二创"作品如雨后春笋般不断涌现。广东粤剧院国家一级演员、广东省第六批省级非物质文化遗产代表性项目（粤剧）代表性传承人曾小敏，同样加入了"二创"的队伍中。北京京剧院一级演员、梅葆玖先生的入室弟子郑潇也接力演唱了京剧版的《神女劈观》。至此，《神女劈观》集齐了梅派、荀派、粤剧三位国家一级演员，"诸神战争"正式开启。

随后，上海越剧院演员、傅派传人裘丹莉奉献了越剧版《神女劈观》，江苏省淮剧团国家一级演员、"陈派"陈德林先生之女陈澄也奉献了淮剧版《神女劈观》。

戏曲推广本是一件困难重重的工作，让年轻人了解并喜欢上戏曲，其难度比推广音乐剧、歌剧要大得多。因为戏曲晦涩难懂，不少人会主观上为其贴上"年轻人不喜欢"的标签，毕竟在主流社交媒体上，甚少看到年轻人讨论与戏曲相关的话题。而因为网络游戏，不仅中国的年轻玩家喜欢上了戏曲，外国年轻玩家也对中国戏曲产生了浓厚的兴趣。

《原神》剧情更新后，《神女劈观》迅速引发了玩家的热烈讨论。游戏中，随着《神女劈观》剧情的公开，玩家围绕戏曲这门古老的艺术展现出了浓厚的好奇心。截至2021年底，《神女劈观》剧情 PV 在网络上的播放量已经超过 2300 万次。

《原神》就是这样一款在全球范围内具备强大"吸金力"的游戏产品。根据 Sensor Tower 的统计显示，美国玩家在 2021 年为《原神》贡献了 4.06 亿美元流水（不包括 PC 与 PlayStation 平台），一举将《原神》推上了美国手机游戏流水榜第一。2021 年，整个美国市场的手机游戏流水只有 9.66 亿美元，而《原神》占了将近一半。我们希望在未来，会有更多像《原神》这样的游戏涌现出来，既能创收，又能传播中国文化。

第二节　融入外国文化元素，更加适应国际传播

全球化使得当今世界变得越来越开放，乌尔里希·贝克在《全

球化时代的权力与反权力》中认为："民族国家是未完成的国家，谁在世界性的超级游戏中只打民族国家的牌谁就输。"《仙剑奇侠传》《轩辕剑》等游戏过于民族化和本土化，虽然在国内大受欢迎，但国外玩家根本理解不了中国古代的"仙侠世界"。《王者荣耀》在国外之所以输给《无尽对决》，就是因为《王者荣耀》太中国化了，游戏里的很多角色如刘邦、项羽、高渐离等外国人根本不熟悉、不了解。陈寅恪先生曾经说："其真能于思想上自成系统，有所创获者，必须一方面吸收输入外来之学说，一方面不忘本来民族之地位。此二种相反而适相成之态度，乃道教之真精神，新儒家之旧途径，而二千年吾民族与他民族思想接触史之所昭示者也。"中国应该以更加开放的心态，研发出全世界都能接受的游戏。

英国文化史学家彼得·伯克是剑桥大学伊曼纽尔学院荣誉教授，也是欧洲人文和自然科学院成员。伯克毕业于牛津大学，在剑桥大学工作，从事文化史研究。《文化杂交》是由伯克的一篇讲座稿扩充撰写而成。该书深入浅出、娓娓道来地阐明了一个个与杂交性、多样性相关的文化理论概念，探讨了不断加速的文化全球化对每一个人、每一个地方的文化所产生的影响。

一方面，中华传统文化的精华不能丢弃。通过前面的介绍，我们已经了解了中华传统文化在网络游戏中的重要作用。另一方面，要建立开放性的、面对全球的"杂交文化"，除了要继承中华传统文化的精华，面对现代性与全球化的挑战，中国网络游戏还要有所创新。约翰·汤姆林森在《全球化与文化》一书中赞扬全球化所带来的文化混杂性，认为"混杂文化"是掌握跨越国家文化的空间中某种新形态文化认同的有效概念，其不同于国家文化的统一性，有"去疆域化"的特点。

日本动漫游戏本土化与全球化的融合相对来说做得比较好，其在保留东方文化的基础上又做到了让西方观众接受与理解。日本第一部动画片《白蛇传》取材于中国神话故事，制作于20世纪60年代，比中国第一部动画《铁扇公主》晚了20年。日本当代最杰出的动画作品，如宫崎骏的《龙猫》《幽灵公主》《千与千寻》等，反映的都是人与自然和谐相处的环保主题，颇似中国道家尊崇自然的观点，具有东方哲学色彩。与此同时，日本游戏也融合了很多东西方的元素。在日本任天堂公司出品的《超级玛丽》中，马里奥被设计成意大利籍美国人，他有一只大鼻子，身穿背带工作服，还留着胡子，这个角色形象很快受到了西方玩家的喜爱。

1.《王者荣耀（海外版）》中的文化融合

《王者荣耀（海外版）》在东南亚游戏市场取得成功，就是因为它融合了东南亚各国的文化。在游戏中，玩家可以体验东南亚不同国家的文化魅力。

对一款网络游戏而言，角色形象是其灵魂所在。《王者荣耀（海外版）》构建了一个以英雄故事为框架的虚构世界，它所孕育出的独特的英雄文化，使得游戏在一开始就具备了较强的文化属性。

英雄角色是《无尽对决（海外版）》和《王者荣耀（海外版）》的重中之重。游戏里英雄角色的原型源于各国著名历史人物（以中国历史人物为主）、神话传说人物、DC漫威人物、游戏人物及自创人物。每个英雄角色背后的人物故事、出现背景、特效语音都需要根据角色来定位、来调整。《王者荣耀（海外版）》中的英雄角色定位分为法师、战士、坦克、刺客、射手、辅助这六类。不同的英雄角色有着不同的属性和技能。正是背景故事、角色设定、技能属性的差异，使得每一个英雄角色都极具个性。这些英雄拥有不同的文化元素，既有东方传统文化，又有西方流行文化，为游戏注入了丰富的文化内涵与文化价值，为玩家提供了立体、多元的文化内容体验。英雄角色的形象、技能、定位、难度影响着玩家对游戏的兴趣与选择。同时，有些英雄角色原型，如小丑、蝙蝠侠、神奇女侠等，原本就自带"粉丝"。为了直观欣赏到自己喜欢的英雄人物的魅力，粉丝往往会自愿下载游戏，从而形成传播效应。精彩的英雄故事与特色鲜明的英雄角色形象往往会吸引更多玩家投身其中，与自己喜欢的英雄角色们在游戏中共同"书写传奇"。除了游戏世界，游戏公司还通过更新这些英雄的连载漫画与动画等衍生文化内容，来传递游戏世界的价值观，从而增强玩家对游戏的文化认知与情感联结。

除此以外，《王者荣耀（海外版）》还不断打造、推出新英雄角色，并赋予每个角色不同特征的文化元素。每个新英雄的发布期就是一个宣传游戏的绝佳机会。

于2020年8月发布的英雄角色"Sinestrea"就是一个典型的案例。早在2020年5月，就有人在网上透露《王者荣耀（海外版）》即将发布一名叫"Sinestrea"的刺客型新英雄，她拥有甜美的外表。这在Facebook上立刻引起了一阵小范围的议论。同年7月，YouTube上拥有383万粉丝的RoV职业选手在"测试服"上进行了Sinestrea的试玩后，称其为"游戏中最残忍的刺客"，该视频获得了85万人次的观看。随之，评论区充满了对Sinestrea的期待，还引发了大批玩家对Sinestrea玩法技能的讨论。同年8月，Sinestrea正式上线，出现在《王者荣耀（海外版）》开屏动画及主页面，众多游戏KOL在Facebook、YouTube上发布游戏视频，提供Sinestrea的游玩指南。同时，游戏官方网站也更新了Sinestrea的简介，塑造了一个表面柔弱却靠吸血获取能量的西方女孩形象。同年11月，游戏官方号发布了对Sinestrea"英雄技能"的正式解说。Sinestrea

的出现，获得了许多玩家的喜爱，西方吸血鬼文化更是为她增添了几分神秘的魅力。不少玩家在社交媒体上分享自己使用 Sinestrea 赢得的比赛截图、手绘的 Sinestrea 形象、撰写的"同人"故事，认为该角色绝对称得上是《王者荣耀（海外版）》排名前十的新英雄。为了保持 Sinestrea 的热度与新鲜感，2021 年，腾讯还发布了几款 Sinestrea 的新皮肤。Sinestrea 的宣发过程，正是一次《王者荣耀（海外版）》的传播过程，"英雄文化"的内涵在这个过程中得到了充分的呈现。

当然，腾讯将《王者荣耀（海外版）》交给 Garena 代理运营，是该款游戏在东南亚本土化运营至关重要的一环，也是解决游戏出海跨文化传播困境的重要方式。作为东南亚最大的移动游戏发行代理商，Garena 对本土化运营的经验已十分丰富，运营模式也非常成熟。

游戏语言翻译是游戏出海最基础也是最关键的一个方面，翻译质量的优劣直接关系到玩家游戏体验的好坏。《王者荣耀（海外版）》进入泰国，其语言系统自然是泰语，但泰语有其特殊性：一是很多较为新鲜的词汇用泰语无法翻译；二是有的泰文翻译过长，不适用于手机界面。Garena 在综合考虑了这些情况后，选择将某些难以翻译的词汇保留英语，比如角色名都保留英文名，角色的技能、故事介绍等使用泰语翻译，系统界面也基本使用泰语进行翻译，在故事推进、人物对话时则运用非正式的口语风格进行翻译，这种方式受到了泰国玩家的欢迎。

除了语言翻译，《王者荣耀（海外版）》在本土化运营推广上最大的亮点便是英雄角色、皮肤的改良与创新。为了更好地适应当地市场，游戏在以中国传统文化元素为底色的基础上，更多地运用了西方美学。游戏界面、英雄角色的形象画风相较于"国服版"更加成熟，更加契合当地玩家的审美习惯。此外，在英雄角色的设定上，腾讯与世界著名 IP 进行捆绑联动，获得了蝙蝠侠、超人、小丑、神奇女侠等 DC 漫画形象版权，在很大程度上带动了当地 IP 粉丝参与到游戏中来。通过深度发掘当地主流文化及玩家的偏好，《王者荣耀（海外版）》找到了最吸引泰国玩家的特殊点，即游戏中有 4 款泰国本土化专属英雄皮肤：英雄 Arum 的 Sacred Sentinel 皮肤与泰国的"象"文化相结合，泰国韵味自然流露；英雄 Hayate 的 Phantom Mask 皮肤充分融合了泰国"鬼面节"文化，潮流感十足；英雄 Raz 的 Muay Thai 皮肤直接以"泰拳"命名，其身着泰式拳击服，头顶吉祥环，是一名泰拳手的形象；英雄 Veres 的 Siamnaga 皮肤则凸显了泰国佛教文化，以泰国清莱蓝庙为灵感设计而成，将蓝庙的蛇形雕塑融入英雄的皮肤中，展现泰国女战士的勇气和决心。这些皮肤融合了泰国传统文化与潮流文化的精华，使得泰国玩家在游戏中找到了文化归属与情感共鸣，深受欢迎。

除了在游戏设置、英雄角色设定等方面进行本土化运营，Garena 还策划了系列推广泰国文化的活动。RoV Skin Design Contest 皮肤设计大赛就极具代表性。这一大赛的宗旨是以比赛的形式挖掘年轻人的设计创造潜力，将英雄角色与泰国文化进行多方面结合，从而在泰国新生代中推广泰国文化，增强其民族认同感。英雄 Veres 的皮肤 Siamnaga 正是诞生于 2020 年举办的大赛中。Siamnaga 不仅作为正式皮肤在游戏中发行，还成为泰国旅游大使。这些本土化推广运营策略充分说明了《王者荣耀（海外版）》有足够优秀的文化适应力。

尊重各国宗教。佛教作为泰国的国教，全国 95% 以上的人口信奉佛教。佛教文化是泰国的主流文化，政府大力扶植佛教事业的发展。泰国在政治、文学、艺术、道德观念、风俗习惯等各个方面都深受佛教影响。泰国被称为"微笑之国",很大程度上归功于佛教对泰国人民的影响。佛教中的忠君爱国、助人为乐、温和谦让等优秀品格被泰国人所传承。佛教的各种信条深入泰国人民的理想与信念,也贯穿着泰国文化的价值观。

此外,还要注意与当地传统文化习俗、节日等相结合。在泰国泼水节及一些佛教节日里,活跃玩家用户近年来一直在增加。而在日本的黄金周、中东的斋戒月也有着类似趋势。可见,要通过网络游戏传播中国文化,就要先评估出海目标国家有哪些重要的节庆,从而制定相应的传播策略。

2.《原神》中的文化融合

《原神》非常适合国际传播,其中的文化可说是一种"杂交文化"。《原神》与传统《仙剑奇侠传》等游戏不同,后者因植入太多的中国文化而让外国人难以接受。《原神》的故事目前设定的三个国家——"蒙德"、"璃月"和"稻妻",分别代表着美国、中国和日本。《原神》采用的开放世界玩法,使其在全世界拥有成熟的千万级付费用户市场,并且海外玩家对这款游戏的接受度还在不断增加。《原神》在主题的选择上同样注重全球普适性与区域性文化的结合。例如,"璃月"在设计上融入了中国张家界、桂林等知名风景区;"稻妻"则展示了日本几个海岛的风光特点。关于"璃月"的讨论也频繁出现在海外一些社交平台上。

《原神》是一款潜力巨大的游戏,未来,还将有四个国家会陆续在游戏中被制作出来。为了吸引东盟国家的玩家,以后也可能在游戏中制作出东南亚国家风景的地图。有人说《原神》是一款"元宇宙游戏",是因为它在虚拟世界中映射了真实世界。而《原神》也正是因为能够融合多国文化,所以才能在全世界范围流行。

第三节　社交媒体对游戏的宣传

　　泰国是东南亚领先的社交媒体国家之一。腾讯看准了泰国极强的社交属性"借船出海"，利用社交媒体拓展海外场景，展开了《王者荣耀（海外版）》在社交媒体上的传播布局。

　　作为一个综合社交媒体，Facebook 格外受到泰国民众的青睐。腾讯在 Facebook 上建立了包括官方粉丝主页、兴趣小组、游戏主播、电竞选手等在内的强大传播矩阵，具有较高的覆盖率。以官方粉丝主页、兴趣小组为例，《王者荣耀（海外版）》于2016年12月创建了官方粉丝主页 Garena RoV Thailand，频繁更新游戏相关的广告、直播、电竞比赛、周边和漫画等，及时发布新版本、新英雄、新皮肤资讯，获得了上千条评论与点赞数。帖子带上话题引领玩家用户的关注，提高游戏发声量。玩家们通过评论区进行讨论、互动，搭建官方与核心玩家之间对话与交流、情感连接的桥梁，实现了高效沟通与传播。另外，打开粉丝主页，还能看到直通游戏官网下载游戏的链接，这也为游戏拉来了大量流量。在 Facebook 上，《王者荣耀（海外版）》的兴趣小组同样收获了许多关注。不少玩家们在小组里讨论游戏攻略，分享游戏截图、直播链接，交流英雄角色的操作技巧与皮肤的精美等，气氛热烈。更有玩家自发进行衍生内容的创作，如制作表情包、手绘英雄人物等，形成了游戏的自传播矩阵，几乎每一条动态都能得到其他玩家的评论与点赞。

　　除了 Facebook，大多数受访者还提到另一个获取游戏信息的渠道——YouTube。作为全球著名的视频社交网站，YouTube 往往是大多数玩家观看游戏的首选。《王者荣耀（海外版）》在 YouTube 上设立了官方账号 Garena RoV Thailand，拥有300多万的订阅量。与

Facebook 的相似之处在于，YouTube 官方账号也在动态页发布相关广告、福利活动和资讯。不同的是，YouTube 的官方账号以视频宣传为主，内容包括比赛直播、粉丝作品、游戏预告、主题歌曲、活动进程、技能教学等。《王者荣耀（海外版）》官方还利用平台丰富的广告资源与工具实现精准投放。此外，在 YouTube 上还聚集了一群在全球范围内都深受玩家信赖的 YouTube KOL，他们生产制作游戏攻略和各种游戏类视频内容，在玩家中极具影响力。不少 YouTube 的泰国游戏 KOL 都参与制作了关于《王者荣耀（海外版）》的技能讲解视频。他们有的是游戏主播，有的是职业电竞选手。因为《王者荣耀（海外版）》中有许多英雄角色，每个英雄角色拥有不同的属性技能，对玩家技术是一种较大考验，所以观看这类教学视频对于提升游戏体验很有帮助。另外，游戏 KOL 在游戏购买市场中也发挥了风向标的重要作用。KOL 进行英雄皮肤测评后给出建议，利用自身的权威性触达玩家用户，在很大程度上推动了玩家对游戏的付费购买。

游戏公司自建官方网站也是游戏官方信息的集散地。官方网站是品牌宣传推广不可或缺的重要渠道之一，代表了企业的形象，其信息具有独家性和可靠性。为了玩家能便捷、系统地获取与游戏相关信息，腾讯对《王者荣耀（海外版）》官方网站进行构建。官方网站共有 7 个分区，它们分别是消息、规定、玩法、英雄、客户服务、查询余额和电子竞技，玩家可登录游戏账号进行相关操作。在消息区里，玩家可以了解最新活动信息、电竞比赛新闻、游戏补丁说明及连载漫画；规定区，公布有关攻击他人、使用外挂、有欺诈意图、使用不恰当游戏名称等违规行为的处罚办法，旨在维护公平、有序的竞技环境；玩法区，着重介绍了这款游戏的玩法与攻略；英雄区，罗列了游戏中的 110 位英雄角色，并详细介绍了每一位英雄角色的故事、技能、装备、皮肤、符文等信息；客户服务区，提供了关于游戏登录、系统设置、账号屏蔽等常见问题的解决办法，玩家用户可以通过提交问题获取服务；在查询余额区，玩家用户可检查优惠券的未结余额；电子竞技区，通常展示游戏近几年职业联赛的奖金池、参赛队伍、赛程信息、比赛视频等。总之，《王者荣耀（海外版）》官方网站定位清晰、内容丰富，在吸引玩家用户了解游戏的同时，也传播了游戏的品牌形象。

利用具有号召力的明星来吸引粉丝和受众的注意力是最为常见且快速、有效的宣传方法之一。在游戏出海的过程中，可以借用国际知名度高的明星的号召力，通过他们的代言推广扩大游戏产品的受众面。利用名人效应，在社交媒体上对游戏产品乃至中国文化进行传播，是扩大游戏覆盖范围、提升文化传播力的营销策略。

《王者荣耀（海外版）》在社交媒体上的传播同样非常重视广告的投放。Facebook 上的官方粉丝主页 Garena RoV Thailand 正是基于泰国游戏市场的定位，面向年轻且对游戏感兴趣的玩家用户进行的高密度、广覆盖、定向式的广告投放形式。2021 年 11 月，Garena RoV Thailand 共发布了 190 条广告，包括 AIC 2021 比赛宣传、年末皮肤促销活动、优惠券发放、周边售卖、偶像活动大赛、英雄皮肤设计大赛等。由于广告大多结合了游戏最新动态资讯，因此玩家对广告的评论也较为友好，既有对英雄角色新皮肤的渴望，也有对泰国战队赢得电竞比赛的期盼与祝福。

相对而言，在 YouTube 上的广告投放更多的是视频形式，诸如 Twitter、Line、Instagram 等社交媒体也有大量的广告投放。从 SocialPeta 反馈的数据来看，《王者荣耀（海外版）》相关广告的推广力度很大，转化率非常高。

游戏的广告投放还经常出现在有关网站上。此外，在手机应用市场 Google play、App Store 的推荐栏、主页面中也常能看到《王者荣耀（海外版）》的相关资讯。这些广告都促进了游戏的圈层传播，辐射了更广大的受众，鼓励用户加入游戏，实现流量转化。

将游戏植入影视也是《王者荣耀（海外版）》一大特色广告模式。通过植入影视剧，《王者荣耀（海外版）》面向了不同圈层且更庞大的用户群体，得到了较高的曝光，扩大了传播范围。同时，这种植入形式降低了受众心理上的防备门槛，更易被观众接受和获得高度的注意力资源，从而起到潜移默化的传播效果。另外，利用影视剧的口碑和演员的魅力，还产生了一种光晕效应。

在新媒体环境下的口碑营销中，消费者并不会向任何人征求品牌意见，这时，KOL 便扮演了一个重要角色。KOL 作为信息的中间过滤环节，对大众传播效果有着重要影响。他们是受众眼中有价值、有权威的信息源，较大程度上左右着受众的选择和行为。《王者荣耀（海外版）》五年来的持续热度离不开 KOL 们的推动，这些KOL 包括职业选手、赛事解说员、游戏主播、合作明星等。

经过几年的发展，《王者荣耀（海外版）》赛事体系正不断构建健全，越来越多的玩家成为职业选手。如 Eikapong Korhonen、Sanpett Marat 等，他们在一次次比赛中获得了荣誉，这令职业选手在玩家心中的地位越来越高，粉丝数量也随之增加。他们在赛场上使用的英雄皮肤、技能操作被粉丝争相学习，在社交媒体上发布的游戏视频、图片被转发扩散，从而直接助推扩大了游戏的传播范围。另外，电竞文化还催生了电竞直播行业的人口红利，网络游戏主播在很大程度上影响着玩家的决策。这些游戏主播经常在YouTube、Garena Live 等平台上直播游戏战况，他们一边展现熟练的游戏技术，一边与粉丝聊天互动、测评英雄角色，既传递了有价值的游戏信息，又通过积极中肯、分析透彻的推荐言论影响着玩家的心理与行动，起到了舆论引导的作用。

　　跨界营销是近几年新兴的营销方式之一，它代表着打破原有的营销模式，寻求非业内的合作伙伴，发挥各自的品牌效应，让游戏突破原有的用户圈层，使双方的利益最大化。2020 年 1 月，《王者荣耀（海外版）》联手肯德基，为英雄角色 Ormarr 推出全球独家的 Colonel Sanders（桑德斯上校）皮肤，其灵感来源正是桑德斯上校独特的外观、有趣的故事和他对炸鸡的疯狂喜爱。肯德基的元素在新皮肤上也得到了充分的体现：Ormarr 身穿标志性白色西装，留着胡须，戴着眼镜，以炸鸡腿作为武器进行战斗。玩家想要获得这款皮肤、肯德基限量奖品及 KFC × RoV 特别收藏奖品，就必须在规定的期限到肯德基线下店购买 KFC The Box，并参与相关活动。此外，两者还在线下打造了一场 KFC × RoV 独家派对活动，活动邀请游戏职业选手、著名电竞赛事解说员进行表演赛，获得了众多粉丝线下围观和线上直播观看。肯德基和《王者荣耀（海外版）》强强联手，打通了线上、线下渠道。这种做法既让肯德基广大顾客的注意力转向了游戏，也刺激了玩家到肯德基店里进行消费，提升了双方品牌的知名度，实现了共赢。

　　除了肯德基，《王者荣耀（海外版）》还与泰国绿茶 Oishi、日本人气动漫《一拳超人》等不同领域知名品牌合作。一次次的跨界合作打破了合并"同类项"的常规感与熟悉感，不断带给玩家新鲜感，增强了宣传效果。

　　另外，虚拟世界和真实世界也可进行联动。《原神》还在成都太古里打出裸眼 3D 广告。这则裸眼 3D 广告虽然没有表现《原神》的游戏内容，只有游戏角色之一芭芭拉打招呼、追逐蝴蝶等一些简单的动作，但是相比起常规的平面广告，这种"跨次元"的交互形式还是给予了线下观众极具冲击力的观感。《原神》不仅在国内城市投放广告吸引玩家用户，在一些主要的海外市场也秉持了一贯的宣传策略。

第四节　举办游戏比赛促进民心相通

正如前面所说，中国游戏出海最成功的要算《王者荣耀》、《和平精英》这类电子竞技游戏，因此开办电竞赛事格外重要。与MOBA类移动电竞游戏一样，FPS/TPS类移动电竞游戏均在东盟游戏市场占据了较大份额。

近年来《王者荣耀》和移动电竞比赛在东盟国家的流行度呈指数级增长。据全球电竞数据监测公司 eSports Charts 统计的数据显示，2019年全球观看《王者荣耀》赛事的时长达到7220万小时。《王者荣耀》潜心研发出了一套"金字塔"式的移动电竞体系：底层以大众赛事为依托，中层填补汇集地区特色的区域性职业联赛，顶端则是 AWC、AIC 两大职业赛事。这最大程度地扩充了受众群体，并把多年来所积累的用户基础转化为赛事观众，将玩家、游戏、赛事三者紧密联系在一起，提高了国际知名度。

移动电竞比赛是基数最大、与玩家最贴近的比赛，其传播面非常广泛。大众赛事面向所有游戏玩家，主要可分为两类：一类是游戏内进行的排位赛，一类是官方举办的非职业赛事。排位赛是《王者荣耀》最重要的玩法，其排名也是玩家实力的象征。排位赛将玩家水平分为多个等级。在比赛中，玩家不断胜利晋级赢得荣誉，享受比赛的快乐。《王者荣耀》现已成为泰国年轻人人际交流的重要媒介。游戏将文字、语言、符号三种社交方式融合，尤其是游戏内置的"语音交流"更是玩家重要的互动社交形式。在排位赛中，玩家通过语音与陌生人沟通战术、交流战况、协同作战，形成工具型人际关系，是游戏中人际传播的拓展。另外，玩家也可选择与朋友组队赢取比赛胜利，以巩固、提升彼此的信任度与亲密度。"大家都在玩"带来羊群效应，很容易带动非玩家加入游戏中来，实现现实中的人际宣传，向"全民电竞"迈进。

经过多年的发展，移动游戏的电竞体系已基本搭建完成，步入深耕发展阶段。人才是核心资源，是行业发展的保证。面对专业人才短缺的困境，腾讯在泰国启动了 Garena Academy 项目，该项目旨在提升青少年和教师对游戏和电竞行业的认识水平。但这还不够，腾讯还应继续完善制度化、流程化的人才培养机制，拓展人才选拔渠道，这样才能实现行业职业化的发展。同时，政府还应加大投资力度，扶持本土电竞俱乐部，向世界输出职业战队。场馆是赛事运营的载体，政府需在全国多地打造小型或大型的电竞馆，以满足地区职业赛事举办的需要。场馆还应拥有优秀的网络条件、完善的设备（大屏幕、音响等）及宽阔、优质的空间。为吸引玩家线下观看，场馆还需考虑运用多媒体技术带给观众沉浸式的观赛体验。

移动电竞赛事体系的不断深耕也是网络游戏扩大传播的方向，尤其是对于一些大众赛事而言。大众赛事市场无疑是移动电竞最广阔的玩家用户来源。可以说，职业赛事代表了移动电竞的专业，而大众赛事则代表了广大玩家对移动电竞游戏本身的热爱。但目前，如泰国部分地区举办的大众赛事并不专业，缺乏资源和内容支撑。因此，腾讯需根据泰国实际情况进行布局，如多与高校、大型企业甚至政府合作举办赛事；授权第三方举办联赛；办成常规赛，时间跨度可覆盖全年，执行标准规范的竞技规则，制定积分制度，建立晋级通道，让普通玩家有机会成为职业选手。通过大众赛事扩大移动电竞的诠释空间，对玩家来说，能够参与其中，拥有直观、真实的电竞比赛体验，充分感受电竞魅力，从而增强用户黏性；对腾讯来说，也可以将游戏覆盖到更多的下沉城市，转化流量，拉动留存，以带来更多的讨论话题，提高声量。

电竞生态是电竞发展的重要组成部分，它包含三个方面：一是创造产业价值，做全域的电竞；二是创造社会价值，做全民的电竞；三是创造中国价值，做全球的电竞。想要创造这三大价值，移动电竞游戏需要探索电竞生态，在诸多领域展开布局。如产品更新、人才培养、战队发展、场馆建设等，连通移动电竞产业的上游、中游、下游的生产和服务，文化、品牌、赛事三者协同发力，共同出海。另外，还可争取海外当地赞助商，将电竞生态领域中的细分环节与国际化接轨，进而扩大电竞生态规模，拔高赛事层级，扩大影响力。

随着"一带一路"倡议的提出，游戏出海的路线愈发明显。在丝绸之路经济带上，从中国出发，经过俄罗斯、中亚、中东到欧洲；在21世纪海上丝绸之路上，从中国出发，经过东南亚、南亚、阿拉伯半岛到东非海岸，将欧亚大陆和半个非洲都囊括其中。这就为移动电竞游戏出海指明了方向。移动电竞游戏公司应抓住机会，不断加大技术的研发和创新力度，针对海外市场的不同情况，聚焦重点，广泛布局，将中国网络游戏推向世界。另外，游戏在出海时需谨慎、理性地选择出海市场，清晰认识自我，对不同的市场进行深度剖析，了解当地玩家的偏好，建立本土化策略，树立游戏好口碑。在国家政策的支持下，中国游戏出海更应担起一份文化推广的责任，彰显中国的文化软实力。

结语

在全球化趋势的大背景下，中国以"一带一路"倡议为重点，构建了更高水平的对外开放格局，标志着以中国"走出去"为鲜明特征的全球化新阶段的到来。网络游戏正成为中国文化出海的新锐力量。它能将中国的文化和价值观蕴含于娱乐中，被海外玩家所接受。再加上网络游戏作为一种国际通用"语言"，降低了跨文化传播的门槛，因此最适宜"走出去"。网络游戏应积极响应国家这一倡议，加快"走出去"的步伐。

不难发现，网络游戏早已不是单纯的娱乐休闲工具，作为文化传播的一种载体，它俨然已成为可以与报纸、广播电视、互联网等相提并论且具有强大影响力的媒介。虽然，美国和日本是当今中国网络游戏出海最重要的市场，但随着《区域全面经济伙伴关系协定》（RCEP）的签订，东盟国家的地位越来越重要。东盟国家有6亿多人口，人口结构较年轻化，是世界公认的最有前途的新兴游戏市场。东盟十国中，新加坡、马来西亚、泰国、越南、印度尼西亚、菲律宾这六个国家被称作"东盟六大游戏市场"。网络游戏对促进中国－东盟民心相通和服务国家周边外交战略实施的意义重大。

近年来，随着中国经济的飞速增长，中国游戏产业与时俱进，同样迎来了百年未有之大变局。中国游戏市场已经超过美国成为第一大游戏产业市场，腾讯成为全球市值最大的游戏公司。过去，东南亚国家比较流行美国和日本的游戏，如今《王者荣耀》《和平精英》《原神》等中国游戏已经占据了东南亚游戏市场的主要份额。腾讯、网易等互联网公司纷纷出海东南亚并取得成效，为推动中国－东盟自由贸易区、"一带一路"建设和构建中国－东盟命运共同体发挥了不可替代的作用。未来，中国网络游戏将为彰显中国软实力做出更大贡献，也将更进一步促进中国与东盟各国民心相通。

我国游戏产业虽然作为近年来的新兴产业得到了飞速的发展，但是在相关政策的建立与支撑上仍未能跟上国际游戏产业发展的脚步，因此还应加大扶持力度与服务性保障。早在2004年，为扶持国产网络游戏的发展，国家便推出了"中国民族网络游戏出版工程"，开辟了游戏行业的精品化发展方向。但这些年来，网络游戏的产业管理方法不少，却始终没有统一的政策引导，而游戏出海更多是企业出于商业效益的追求。促进网络游戏出海，仅仅依靠游戏企业自发的力量和对商业效益的追求显然是走不远的。为进一步推动网络游戏产业的发展，需要国家完善上层设计，将国产游戏出海与跨文化传播提升到文化战略的高度，增强国产游戏在海外的竞争力。

面对同质化游戏现象严重的问题，有关部门有必要严格规范游戏出海的审批流程，在鼓励游戏企业出海的同时，保证创新游戏优先出海，并在审批阶段减少游戏同质化竞争，推动精品类游戏的出海传播。此外，面对激烈、复杂的海外市场，国家可以积极牵头大中小企业的合作创新，在游戏出海的过程中给予一定的便利，如在投资、审批、资金税收、人才培养等方面制定优惠政策，做好国产游戏出海的坚实后盾。

当然，中国网络游戏出海还有很长的一段路要走，在这个过程中仍然存在一些问题，如企业在境外面临贸易金融保护、游戏龙头产业的部分垄断、政府的政策倾斜等问题。由于笔者的能力有限，对经济政策专业领域的分析不够透彻、全面，这些地方还需要继续深化，这也是本书研究内容的一些局限所在。

习近平总书记在中共中央政治局第三十次集体学习时强调:"讲好中国故事,传播好中国声音,展示真实、立体、全面的中国,是加强我国国际传播能力建设的重要任务。"为了更好推动中华文化"走出去",我们只有做到以文载道、以文传声、以文化人,才能向世界阐释、推介更多具有中国特色、体现中国精神、蕴藏中国智慧的优秀文化,并以开放自信、谦逊谦和的基调,努力塑造好可信、可爱、可敬的中国形象。

网络游戏是新时代讲好中国故事的重要手段,中国网络游戏出海已经取得了可喜可贺的成绩。未来,希望越来越多的海外玩家爱上中国网络游戏,爱上可信、可爱、可敬的中国!

中文文献

[1]陈卫星.传播的观念[M].北京：人民出版社，2004.

[2]孙英春.跨文化传播学导论[M].北京：北京大学出版社，2008.

[3]胡泳.众声喧哗：网络时代的个人表达与公共讨论[M].桂林：广西师范大学出版社，2008.

[4]杜骏飞.网络传播概论[M].福州：福建人民出版社，2014.

[5]彭兰.中国网络媒体的第一个十年[M].北京：清华大学出版社，2005.

[6]申丹,王丽亚.西方叙事学：经典与后经典[M].北京：北京大学出版社，2010.

[7]罗钢.叙事学导论[M].昆明：云南人民出版社，1994.

[8]邱林川,陈韬文.新媒体事件研究[M].北京：中国人民大学出版社，2011.

[9]于光远.论普遍有闲的社会[M].北京：中国经济出版社，2005.

[10]于光远,马惠娣.于光远马惠娣十年对话：关于休闲学研究的基本问题[M].重庆：重庆大学出版社，2008.

[11]厉无畏.创意产业导论[M].上海：学林出版社，2006.

[12]黄鸣奋.数码艺术学[M].上海：学林出版社，2004.

[13]李思屈.数字娱乐产业[M].成都：四川大学出版社，2006.

[14]高宣扬.流行文化社会学[M].北京：中国人民大学出版社，2006.

［15］王一川.大众文化导论［M］.北京：高等教育出版社，2009.

［16］黄少华，翟本瑞.网络社会学：学科定位与议题［M］.北京：中国社会科学出版社，2006.

［17］悸如伟.数字游戏概论［M］.北京：高等教育出版社，2012.

［18］关萍萍.互动媒介论：电子游戏多重互动与叙事模式［M］.杭州：浙江大学出版社，2012.

［19］米金升，陈娟.游戏东西：电脑游戏的文化意义研究［M］.桂林：广西师范大学出版社，2006.

［20］陈玲.新媒体艺术史纲［M］.北京：清华大学出版社，2007.

［21］杨继红.新媒体生存［M］.北京：清华大学出版社，2008.

［22］田智辉.新媒体传播：基于用户制作内容的研究［M］.北京：中国传媒大学出版社，2008.

［23］黄鸣奋.新媒体与西方数码艺术理论［M］.上海：学林出版社，2009.

［24］李浩.世界游戏制作大师［M］.北京：中国传媒大学出版社，2009.

译 著

［1］约翰·赫伊津哈.游戏的人：文化中的游戏成分的研究［M］.何道宽.译.广州：花城出版社，2007.

［2］刘易斯·芒福德.技术与文明［M］.陈允明，王克仁，李华山.译.北京：中国建筑工业出版社，2009.

［3］马歇尔·麦克卢汉.理解媒介：论人的延伸［M］.何道宽.译.北京：商务印书馆，2000.

［4］保罗·莱文森.莱文森精粹［M］.何道宽.译.北京：中国人民大学出版社，2007.

[5]大卫·赫斯蒙德夫.文化产业[M].张菲娜.译.北京:中国人民大学出版社,2007.

[6]凯文·凯利.失控[M].东西文库.译.北京:新星出版社,2010.

[7]劳伦斯·莱斯格.免费文化:创意产业的未来[M].王师.译.北京:中信出版社,2009.

[8]克莱·舍基.未来是湿的:无组织的组织力量[M].胡泳,沈满琳.译.北京:中国人民大学出版社,2009.

[9]詹姆斯·W.凯瑞.作为文化的传播:"媒介与社会"论文集[M].丁未.译.北京:华夏出版社,2005.

[10]亨利·詹金斯.融合文化:新媒体和旧媒体的冲突地带[M].杜永明.译.北京:商务印书馆,2010.

[11]欧文·戈夫曼.日常生活中的自我呈现[M].宋立宏.译.北京:北京大学出版社,2008.

[12]乔治·H.米德.心灵,自我与社会[M].赵月瑟.译.上海:上海译文出版社,2005.

[13]埃里克·H.埃里克森.同一性:青少年与危机[M].孙名之.译.杭州:浙江教育出版社,1998.

[14]罗兰·巴特.神话:大众文化诠释[M].许蔷蔷,许琦玲.译.上海:上海人民出版社,1999.

[15]丹尼斯·麦奎尔.受众分析[M].刘燕南,李颖.译.北京:中国人民大学出版社,2006.

[16]爱德华·泰勒.原始文化:神话、哲学、宗教、语言、艺术和习俗发展之研究[M].连树生.译.桂林:广西师范大学出版社,2005.

[17]齐美尔.社会是如何可能的:齐美尔社会学文选[M].林荣远.

译.桂林：广西师大出版社，2002.

[18]埃米尔·涂尔干.社会分工论[M].渠东.译.北京：生活·读书·新知三联书店，2000.

[19]安东尼·吉登斯.现代性的后果[M].田禾.译.南京：译林出版社，2011.

[20]约翰·汤姆林森.全球化与文化[M].郭英剑.译.南京：南京大学出版社，2002.

[21]瓦尔特·本雅明.机械复制时代的艺术作品[M].王才勇.译.重庆：重庆出版社，2006.

[22]乌尔里希·贝克.个体化[M].李荣山，范譞，张惠强.译.北京：北京大学出版社，2011.

[23]曼纽尔·卡斯特.网络社会的崛起[M].夏铸九、王志弘等.译.北京：社会科学文献出版社，2001.

[24]尼古拉斯·克里斯塔基斯.大连接：社会网络是如何形成的以及对人类现实行为的影响[M].简学.译.北京：中国人民大学出版社，2012.

[25]杰伦·拉尼尔.互联网冲击：互联网思维与我们的未来[M].李龙泉，祝朝伟.译.北京：中信出版社，2014.

[26]雪莉·特克尔.群体性孤独[M].周逵，刘菁荆.译.杭州：浙江人民出版社，2014.

[27]尼古拉斯·尼葛洛庞帝.数字化生存[M].胡泳等.译.海口：海南出版社，1996.

[28]戴卫·赫尔曼.新叙事学[M].马海良.译.北京：北京大学出版社，2002.

[29]安德烈·戈德罗.什么是电影叙事学[M].刘云舟.译.北京：商务印书馆，2005.

[30] 米哈里·契克森米哈赖.生命的心流 [M].陈秀娟.译.北京：中信出版社，2009.

[31] 迈克尔·海姆.从界面到网络空间：虚拟实在的形而上学 [M].金吾伦.译.上海：上海科技教育出版社，2000.

[32] 罗伯特·帕特南.独自打保龄球：美国社区的衰落与复兴 [M].刘波.译.北京：北京大学出版社，2011.

[33] 齐格蒙特·鲍曼.流动的现代性 [M].欧阳景根.译.上海：上海三联书店，2002.

[34] 居伊·德波.景观社会 [M].王昭风.译.南京：南京大学出版社，2007.

[35] 道格拉斯·凯尔纳.媒体奇观：当代美国社会文化透视 [M].史安斌.译.北京：清华大学出版社，2003.

[36] 斯科特·拉什.全球文化工业：物的媒介化 [M].要新乐.译.北京：社会科学文献出版社，2010.

[37] 斯科特·拉什.符号经济与空间经济 [M].王之光，商正.译.北京：商务印书馆，2006.

[38] 让·波德里亚.消费社会 [M].刘成富，全志刚.译.南京：南京大学出版社，2001.

[39] 威廉·吉布森.神经漫游者 [M].姚向辉.译.南京：江苏文艺出版社，2013.

[40] 尼尔·斯蒂芬森.雪崩 [M].郭泽.译.成都：四川科技出版社，2009.

[41] 斯隆.任天堂传奇 [M].张玳.译.北京：人民邮电出版社，2012.

[42] 简·麦戈尼格尔.游戏改变世界 [M].闾佳.译.杭州：浙江人民出版社，2012.

[43]凯文·韦巴赫，丹·亨特.游戏化思维[M].周逵，王晓丹.译.杭州：浙江人民出版社，2014.

外文文献

[1] Shaw A. What Is Video Game Culture? Cultural Studies and Game Studies [J]. Games and Culture, 2010, 5 (4): 403-424.

[2] Malloy, J., & aarseth, E. J. CYBERTEXT, Perspectives on Ergodic Literature [J]. Leonardo Music Journal, 1998, 8: 77.

[3] Bartle R. Designing Virtual Worlds [M]. New Riders Games, 2003.

[4] Castronova E. Exodus to the Virtual World: How Online Fun Is Changing Reality [J]. International Journal of Cancer, 2008, 116 (2): 304-313.

[5] Charchon, J.P., & Danforth, I.D.W. Distinguishing Addiction and High Engagement in the context of Online Game Playing [J]. Computers in Human Behavior, 2007, 23 (3): 1531-1548.

[6] Gruesser, S.M., Thalemann, R., & Griffiths, M.D. Excessive Computer Game Playing: Evidence for Addiction and Aggression? [J]. CyberPsychology & Behavior, 2007, 10 (2): 290-292.

[7] Golub, A., & Lingley, K. "Just like the Qing Empire": Internet Addiction, MMOGs, and Moral Crisis in Contemporary China [J].Games and Culture, 2008 (3): 59.

[8] Janet, M. Hamlet on the Holodeck: The Future of Narrative in Cyberspace [M] .MIT Press, 1998.

[9] Jenkins, H. Complete Freedom of Movement: Video Games as Gendered Play Spaces [M] . MIT Press, 1999.

[10] Jesper, J. Half-Real: Video Games Between Real Rules and Fictional World [M] . MIT Press, 2006.

[11] Leung, L. Stressful Life Events, Motives for Internet Use, and Social Support among Digital Kids [J] . Cyber Psychology ang Behavior, 2007, 10 (2): 204-214.

[12] Lev, M. The Language of New Media [M] .MIT Press, 2002.

[13] Martin, L. New Media: A Critical Introduction [M] . Routledge, 2009.

[14] Pearce, C. First person: New Media as Story, Performance, and Game [M] . MIT Press, 2004.

[15] Simon, E., Jonas H., & Susana, P. Understanding Video Games [M] . Routledge, 2012.

[16] Turkle, S. Life on the Screen: Identity in the Age of the Internet [M] . New York: Touchstone Books, 1997.

[17] Taylor, T. L. Play between Worlds: Exploring Online Game Culture [M] . MIT Press, 2006.

[18] Yee, N. Motivations of Play in Online Games [J] . Journal of CyberPsychology and Behavior, 2007 (9): 772-775.

[19] Young, K. S. Internet Addiction: The Emergence of a New Clinical Disorder [J] . CyberPsychology and Behavior, 1998, 1 (3): 237-244.